두근두근 학교에 가면

EBS 초등1학년 학교생활 완벽 스타트

두근두근 학교에 가면

EBS 〈두근두근 학교에 가면〉 제작팀 지음
EBS MEDIA 기획

북하우스

여는 말

모든 것이 새로운,
여덟 살 여행자들을 응원합니다

좁은 편집실에 늦게까지 앉아 촬영본을 돌려서 보다 보면, 처음엔 이렇게 말하기가 쉽습니다. "참 쉽다. 간단하네. 초등학교 1학년답다." 무슨 걱정이 있을까 싶고, 괜히 부럽기까지 합니다. 그런데 보면 볼수록 그렇지가 않습니다. 화장실 가기, 제시간에 앉아 있기, 줄 서기, 급식 먹기. 이런 일들이 아이들에게도 간단하고 쉬운 일이었다면 이 프로그램은 별로 보여줄 수 있는 것이 없었을 것입니다. 초등학교 1학년이 '무엇을 배우는지'가 궁금하다면 그다지 긴 설명이 필요하지 않습니다. 몇 장의 종이로도 설명할 수 있고 방송으로 치자면 1시간 정도면 설명이 가능합니다. 그러나 초등학교 1학년이 '어떻게 배우는지'를 본다면 이야기가 달라집니다.

저희는 초등학교 1학년이 '어떻게 배우는지'가 궁금했습니다. 여덟 살 아이들이 이 간단해 보이는 일들을 어떻게 배워나가는지를 알고 싶었습니다. 그러려면 오래, 자세히 들여다보아야 했습니다. 때로는 교실로 뛰어가서 알려주고 싶은 간단한 일도 그대로 두고 지켜봤습니다. 예를 들어 시간 개념이나 덧셈 같은, 슬쩍 알려주면 그만인 일들도 아이들은 나름의 오랜 논쟁과 대화를 통해 많은 것을 배웠습니다. 그래서 그 많은 카메라와 1년이라는 긴 시간이 필요했을지도 모릅니다. 결국 이 '손댈 수 없는 안타까움'과 '기다림'이 드라마보다 더 드라마틱한 이야기들을 만들어냈습니다. 그리고 조금만 기다려준다면, 아이들은 스스로, 때로는 함께 배워나간다는 것을 눈으로 마음으로 확인할 수 있었습니다. 그래서 더욱 '아이를 믿고 기다려주는 것'은 제작진이 〈두근두근 학교에 가면〉을 통해 전하고 싶은 가장 큰 당부입니다. 크게 조바심 낼 필요가 없습니다. 아이들은 나름의 힘을 가지고 자라고 있습니다.

초등학교 1학년 교실은 모든 것이 새롭습니다. 매일이 다릅니다. 봄도 처음이고 여름도 처음입니다. 운동회, 소풍, 대청소 어느 하나 해봤던 것이 아닙니다. 1년이 지나고 2학년이 되면 작년에 해봤던 것이 되겠지만 1학년 아이들은 그렇지 않습니다. 교실로 들어서는 아이들의 얼굴에는 낯선 여행지로 떠나온 여행자의 설렘이 묻어납니다. 그래서 초등학교 1학년의 하루는 매일매일 새로운 체험을 하는 여행과도 같습니다. 그렇게 하루하루가 모이면 여행같이 두근거리는 1년이 됩니다.

입학을 앞둔 부모님들의 막막함과 불안을 이해합니다. 그러나 1년을 한결같은 마음으로 지켜보면서 느낀 것은 이 여행에 준비할 것은 그다지 많지 않다는 사실이었습니다. 하루하루 여행을 마치고 집으로 돌아오는 아이들을 그저 따뜻하게 맞아주셨으면 합니다. 생각보다 아이들은 훌륭한 여행자입니다. 또 이 여행은 외로운 여행이 아닙니다. 함께하는 친구가 있고 선생님이 있습니다. 말 그대로 두근거리는 '여덟 살 여행'입니다.

  이 책은 이 신나는 1년의 여행을 함께한 행운을 거머쥔, 우리 제작진의 소중한 기록입니다. 쉽지 않은 프로젝트에 믿음으로 도와주신 많은 분들이 있습니다. 1년 전 겨울, 처음으로 부모님들을 뵙고 촬영에 대해 설명할 때의 떨림이 아직도 선명합니다. 학부모님부터 선생님과 학교 어느 쪽에서도 쉬운 결정이 아니었습니다. 다시 한 번 감사하다는 말씀을 드리고 싶습니다. 그리고 카메라를 또 하나의 친구로 맞아 1년을 함께한 21명의 아이들에게 고맙다는 말을 하고 싶습니다. 또한 믿음의 결과로 나온 이 책을 통해 방송을 넘어서 많은 학부모와 아이들에게 여덟 살의 희망을 전하고 싶습니다.

EBS 〈두근두근 학교에 가면〉 제작진 일동

INTRO

학교에 가면
무슨 일이 일어날까요

오늘 아이는 학교에 갑니다.

벌써 이만큼 자란 건가 대견하기도 하고 한편으로는 학교에 보내는 게 너무 떨려요.

친구들과 싸우지 않고 잘 지낼 수 있을까요?

어떤 선생님을 만나게 될지 또 수업은 잘 따라갈 수 있을까요?

엄마들이라면 알 거예요. 어떤 마음인지요.

그런데 아이가 집에 와서 이야기를 안 해요. 저는 너무 궁금한데요.

아이들이 어떻게 지내는지 교실을 들여다보고 싶어요!

국내 최초! 초등학교 1학년의 '교실 속 현장 생중계!'

싱그러운 3월의 입학식. 열 달을 고이 품에 간직해 세상에 처음 나왔을 때 너무 작고 여렸던 아이, 어떻게 키울지 몰라 밤잠 설치고 조바심 내며 키웠던 아이가 벌써 여덟 살이 되어 학교에 입학한다. 아이의 초등학교 입학은 부모에게 아이의 탄생과 더불어 2차 충격과 다름없다. 아이가 학교에 가면 어떤 일이 일어날 것인지, 가정이라는 안온한 울타리에 있던 아이가 사회로 진입하면서 필요한 손길은 무엇이 있을지 부모의 마음은 분주해지는 것이다.

초등학교 1학년을 학교에 보내는 마음은 어떤 것일까? 우리 아이가 학교에 간다는 기대감과 감사함, 내가 학부모가 된다는 묘한 긴장감과 불안이 뒤섞인 감정일 것이다. 아이를 초등학교에 입학시키고 난 뒤 부모들은 아이가 학교에서 어떻게 생활할지에 대한 궁금함과 걱정으로 하루가 어떻게 가는지 모른다. 마음 같아서는 아이의 학교생활을 속속들이 보고 싶어서 투명 인간이 되어 몰래 따라가고 싶은 심정이다.

아이들이 학교에 가면 무엇을 하고 있을지 궁금한 부모들에게 나타난 EBS〈두근두근 학교에 가면〉. 춘천의 한 초등학교 1학년 교실에서 이 이야기는 시작된다. 〈두근두근 학교에 가면〉은 초등학교 1학년 교실을 약 1년간 아무런 설정 없이 100퍼센트 있는 그대로, 아이들 학교생활의 모든 것을 들여다보았다. 학교와 학부모의 동의를 얻어 16대의 관찰 카메라를 설치해, 등굣길, 수업 시간, 쉬는 시간, 하교 모습까지 1학년 2반 21명의 학교생활을 꾸밈없이 보여주었다.

우리가 미처 알지 못했던 교실 속 아이들의 모습은 놀라웠다. 어른들이 보고 싶은 아이들의 모습이 아닌, 아이들 본연의 모습을 통해 본 초등1학년의 참모습은 학교라는 공간에서 가장 나다운 모습으로 성장해가는 아이들의 빛나는 면들을 확인할 수 있게 해주었다. 처음 만난 짝꿍에 대한 설렘, 처음에는 서툴지만 더 야물어지는 아이들의 손끝, 갑작스러운 돌발 상황에 당황하다가 점차 배움을 얻어가는 모습, 친구의 소중함을 알고 관계를 만들어가는 의젓함, 할 수 있다는 믿음으로 하루하루 성장해나가는 아이들의 이야기는 그 자체로 감동과 깨달음을 주었다.

21명의 병아리 같은 아이들과 학부모, 그리고 학교에서는 아이들의 부모와 다름없는 담임 선생님까지, 수많은 인물이 등장하는 아이들의 다채로운 학교생활을 통해 초등1학년의 따뜻한 숨결이 스민 성장 과정을 들여다보자.

1학년 2반 21명의 친구들과 선생님을 소개합니다!

황진희 선생님
1학년 2반 친구들 - 윤수, 서진(홍), 소은, 명수, 건하, 채윤, 연진, 민범, 의서, 하준, 봄, 형보, 주윤, 수빈, 누리, 민혁, 서진(김), 다인, 해나, 시연, 미란

차례

여는 말 모든 것이 새로운, 여덟 살 여행자들을 응원합니다 · 005
INTRO 학교에 가면 무슨 일이 일어날까요 · 008

Part 1 두근두근 학교생활 스타트!

1. 처음 학교 가는 날 · 018
2. 내 짝꿍을 소개합니다 · 031
3. 1학년의 하루 · 039
4. 우리에게는 꿈이 있어요 · 051
5. 등교 마라톤 · 059
6. 선생님이 필요해요 · 070

서천석 박사의 토닥토닥 공감 한마디 · 078

Part 2 두근두근 본격 학교생활

1. 우리들의 쉬는 시간 – 실내 놀이 · 088
2. 우리들의 쉬는 시간 – 바깥 놀이 · 099
3. 문제가 생겼어요! · 107
4. 기다려지는 점심 시간 · 118
5. 대청소가 시작됐어요 · 131

서천석 박사의 토닥토닥 공감 한마디 · 140

Part 3 두근두근 실력 쑥쑥 수업 시간

1. 책 받는 날, 한글 공부 시작 · 148
2. 체육 시간 · 161
3. 국어 시간과 수학 시간 · 169
4. 신나는 가게놀이 · 181
   서천석 박사의 토닥토닥 공감 한마디 · 192

Part 4 두근두근 1학년의 마음속

1. 친구가 생겼어요 · 200
2. 내가 좋아하는 친구는 · 210
3. 말말말, 대화의 세계 · 224
4. 남과 여의 차이 · 234
5. 고민 있어요 · 247
   서천석 박사의 토닥토닥 공감 한마디 · 256

Part 5 두근두근 이만큼 자랐어요

1. 나를 보여주고 싶어요 · 264
2. 한 뼘 더 자랐어요 · 273
3. 난 할 수 있어요 · 284
   서천석 박사의 토닥토닥 공감 한마디 · 296

Part 1

두근두근
학교생활 스타트!

초등학교에 처음 입학하던 날.
부모님이 사주신 새 옷을 입고 학교로 향하면서
모든 것이 새로웠습니다.
새로 만난 친구들, 따뜻하게 웃어주시는 담임 선생님.
낯설기도 하지만 기대되는 새로운 세상이었습니다.
조심스럽지만 설렘을 안고 세상을 향해 첫발을 내디뎠지요.

그런데 내 아이가 초등학교에 간답니다.
어느새 이렇게 자라주었구나, 대견합니다.
어느덧 세상을 향해 날아갈 준비를 하는구나, 감사합니다.

처음 내 아이가 세상 속으로 들어가는 학교생활은 어떤 모습일까요?
아스라한 기억을 떠올려보지만
지금은 또 많이 달라졌겠지요.

궁금하기만 한 초등학교 1학년의 시작.
학교를 향해 엄마와 아이가 손 잡고 가슴으로 걷는 등교 시간,
떨리는 입학식부터 생애 첫 짝꿍과의 만남,
이 세상을 다 알고 있을 것 같은 담임 선생님,
새롭게 익히는 학교 규칙과 1학년의 하루 일과까지
긴장 가득, 적응할 일이 더 많은 1학년의 3월을 들여다봅니다.

1
처음 학교 가는 날

연둣빛 새싹들이 바깥 세상으로 얼굴을 빼쪽 내미는 봄, 아이들은 학교에 입학한다. 아이들이 처음 마주하는 세상 이야기가 시작되는 것이다. 사회로 진입하는 첫 학창시절을 보내게 될 초등학교 1학년 교실에서는 어떤 일이 펼쳐질까?

강원도에 위치한 한 1학년 2반 교실. 아이들은 입학식을 앞두고 전날 잠은 어떻게 잤는지도 모를 설렘 반 불안함 반으로 학교에 들어섰다. 입학식 날, 아이를 처음 학교에 보내는 기대감으로 엄마 아빠, 할머니 할아버지까지 온 가족이 학교로 총출동했다. "엄마, 나 학교에 가려면 얼마나 남았어?" 언제부터 학교에 가냐며 날짜를 손으로 꼽던 아이의 흥분도 입학식 날 긴장감 앞에서 사라져버렸다. 낯선 얼굴 가득한 아이들

틈 속에서 아이는 기특하게도 앞으로 지낼 친구들의 얼굴과 학교의 모습을 확인한다.

입학식을 마치고 교실로 들어가기 직전, 낯설기만 한 교실 앞에서 아이들의 표정에는 긴장한 기색이 역력하다. 이 순간 아이들의 가슴은 누구보다 두근두근거린다. 선생님의 안내를 따라 아이들은 빼꼼히 교실 안을 들여다보고는 한 명 한 명 교실로 들어오기 시작했다. 드디어 1년 동안 공부하고 생활할 배움의 공간, 교실로 들어온 것이다.

선생님과 친구들과의 첫 만남!

선생님   선생님 소개를 하도록 할게요. 선생님은 여러분과 1년 동안 함께 공부하고 생활하게 될 황진희 선생님이라고 해요. 선생님 이름이 어떻게 된다고요?

아이들　　황 진 희!

아이들이 자리에 앉자 자기소개 시간이 시작되었다. 씩씩한 서진이가 먼저 자기소개를 하겠다며 손을 들어 선생님에게 신호를 보낸다. 학교에서 자신을 알리는 첫 번째 자기소개를 해야 되는 1학년 2반 친구들. 시작이 제일 어려운법, 우리 아이들은 자기소개를 잘할 수 있을까?

서진　　저는 홍서진입니다.
봄　　저는 1학년 2반 이봄입니다.

반과 이름을 또박또박 말하며 자신을 알리는 아이들. 한 명씩 자리에서 일어나 소개를 하며 자리에 앉는데 아이들을 지켜보는 부모의 마음은 우리 아이가 소개를 잘할 수 있을까 아슬아슬하기만 하다. 그러나 아이가 자기소개를 무사히 마치고 나면 이내 안도의 미소와 함께 언제 이렇게 컸을까 대견하기만 하다. 수줍은 아이, 목소리가 떨리는 아이, 얌전한 아이, 씩씩한 아이, 1학년 2반 21명의 어린이들이 모두 자기소개를 마쳤다. 긴장감을 이기고 새로운 반 친구들에게 자기소개를 한 아이들. 이것만으로도 아이는 훌쩍 큰 것만 같다.

첫 수업 스타트!

입학식 다음날의 1학년 2반 교실! 첫 수업을 맞이하기 위해 아이들은 어떤 준비를 해야 할까? 첫 수업에 필요한 준비물을 챙겨서 사물함에 잘 넣기, 외투를 벗어 옷걸이에 잘 걸고 정리하기, 그리고 제자리에 돌아와 앉기가 이 순간 주어진 과제이다. 별것 아닌 것 같지만 부모님이 늘 당연하게 해주던 것에 익숙했던 아이들에게는 도전이다. 학교라는 낯설고 생소한 공간에서 여덟 살 아이들에게는 결코 쉽지 않은 일인 것이다.

의젓한 윤수가 1등으로 등교를 했다. 아직은 어색한지 윤수가 멋쩍은 표정으로 교실로 들어왔다. 윤수는 초등1학년으로서 해야 할 오늘의 임무를 잘 수행할 수 있을까?

가장 먼저 가방에 있는 물건들을 사물함에 잘 넣기! 처음엔 어떻게 해야 할지 망설이던 윤수가 가방에서 자기 물건을 꺼내 사물함에 잘 넣어 두었다.

　둘째, 외투를 잘 정리해서 보관하기! 집에서 본 대로 일단 옷을 눕혀 놓고 옷을 옷걸이에 끼워본다. 하지만 한쪽 어깨 부분이 옷걸이에 쉽게 걸리지 않는다. 옷걸이를 돌려 여러 차례 시도해본 끝에 알맞게 끼워넣었다. 하지만 그다음 문제가 발생했다. "선생님, 어떻게 해요?" 옷을 교실 옷걸이에 어떻게 걸어야 할지 위기에 맞닥뜨린 윤수는 선생님에게 도움을 청했다. 대처하기 어려운 일이 생겼을 때는 선생님이나 주위 어른에게 도움을 청하는 것도 초등1학년에게는 꼭 필요한 교육이다. 내일이면 윤수는 선생님 도움 없이도 옷을 옷걸이에 걸 수 있을 것이다.

새끼손가락 걸어 꼭꼭 약속해 ♪

　아직은 어색한 반 친구들. 새 학기의 수업 시간에 아직 집중력이 부족한 아이들을 배려하여 율동하고 노래하면서 수업 적응력을 높이고 서로 친해지는 시간을 마련하였다.

선생님	선생님이 율동을 하면서 노래를 부를 건데요. 선생님 도와줄 사람?
다인	저요!
선생님	다인이와 선생님을 보면서 여러분도 함께 따라하면 돼요.

교실 앞에 선 선생님과 다인이가 율동을 시작하자 아이들도 앙증맞은 몸동작과 손동작을 하며 노래를 따라부르기 시작한다.

모두　　　　너하고 나하고 친구 되어서 사이좋게 지내자. 새끼손가락
　　　　　　고리 걸어 꼭꼭 약속해.
　　　　　　싸움하면은 친구 아니야. 사랑하고 지내자. 새끼손가락
　　　　　　고리 걸어 꼭꼭 약속해.
　　　　　　맛있는 것은 나눠 먹으며 서로 돕고 지내자. 새끼손가락
　　　　　　고리 걸어 꼭꼭 약속해.

선생님을 따라 율동하는 아이들의 표정이 자못 진지하다. 새끼손가락 걸어서 서로 친구 되기를 약속하는 1학년 2반 아이들. 학교생활에서

중요한 것은 '관계 맺기'이다. 학교는 공부만 하고 지식만을 얻는 공간이 아니다. 아이가 학교생활을 하는 것은 다른 사람과 더불어 살아가기 위한 사회성을 쌓는 훈련이기도 하다. 친구 되기를 약속하는 아이들의 진지한 눈빛을 기억해두자.

너와 나 친해지는 시간, 이름표 만들기

　이름표를 만드는 수업 시간이다. 아직 손 근육이 발달하지 않은 아이들이지만 친구들에게 이름을 알려주기 위해 이름표 만들기 수업이 시작되었다. 종이를 접어 그 위에 자기 이름을 쓰면 이름표 만들기 완성!
　아이들마다 종이 접는 솜씨가 제각각이다. 야무진 손끝으로 종이를 접는 아이도 있고 삐뚤삐뚤 뭉텅뭉텅 종이를 접는 아이도 있다. 발달 정도의 차이가 있지만 잘하는 아이, 못하는 아이 구별할 필요 없이 서로 도와주며 이름표를 완성해가고 있다. 얼마나 잘하는지를 겨루고자 하는 것이 아니라 서로 가까워지기 위해 마련된 시간이다.
　윤수는 벌써 이름표를 다 만들었는데 짝꿍 미란이는 종이를 접는 것이 마음대로 되지 않는다. 미란이가 곤혹스러워하는 것을 눈치 채지 못한 윤수가 지우개 자랑을 하다가 곤란한 표정의 미란이를 보고서는 얼른 도와주었다.

윤수　　　이렇게 접으면 돼. 보여?

미란　　　　　응. 이렇게? 완성이다!

 완성한 이름표를 보며 환하게 웃는 윤수와 미란이의 모습이 싱그럽다. 아직은 서툰 것투성이지만 친구의 마음을 확인하면서 학교와 더 가까워진 기분이다.

 3월 입학 초 아이들은, 부모들이 미처 상상하지 못한 것에 당황하고 긴장하게 된다. 물론 그 모든 일을 부모가 미리 다 알고 가르쳐줄 수는 없다. 그리고 그것은 아이들의 몫이기도 하다. 왜냐하면 그 당황스럽고 긴장된 순간이 아이들에게는 배움의 시작이기 때문이다. 입학 전에 교과 공부를 준비하는 것도 중요하지만 그보다 더 중요한 것은 아이가 단체생활에 원만하게 적응하고 자기 위주의 생활을 하지 않도록 생활태도를 점검하는 것이다. 1학년 때는 학습 습득력보다는 바람직한 생활태도를 익히는 것이 학교 지도의 주된 목표가 되고 이를 잘 수행한 아이들이 긍정적인 피드백을 얻어 학교생활을 잘 해나간다.
 아이가 힘겨워하는 순간을 건강한 성장의 기회로 잘 다져갈 수 있도록 옆에서 응원해주고 이끌어주는 일, 바로 그것이 부모와 선생님, 어른들의 몫이다.

1. 스스로 하는 법, 어떤 것들을 알려줘야 할까요?

학교에 가면 엄마 아빠 도움 없이 스스로 해야 하는 일이 많아지고 모든 것이 낯설게 느껴진다. 처음 학교생활을 시작하는 아이들에게 어떤 것들을 알려주고 또 어떤 것들을 도와주면 좋을까?

1> 겉옷 벗어서 정리하기

어른들은 너무나 쉽게 하는 일이라 미처 생각지 못한 일들도 여덟 살 아이들에게는 낯설고 힘든 일인 경우가 있다. 이런 일들은 아이들의 눈높이에 맞추어 단계를 나누어 설명해주는 것이 필요하다. 첫째, 옷을 바닥이나 책상 위에 눕힌다. 둘째, 옷의 지퍼나 단추를 잠근다. 셋째, 옷걸이를 옷에 끼운다. 이런 순서로 이해시키는 것이 필요하다.

학교에 따라서는 옷걸이가 교실에 없는 경우도 있다. 이런 경우엔 자신의 의자에 옷을 걸어야 한다. 이때도 단계를 나누어 설명해준다. 첫째, 자리에 일어선다. 둘째, 의자의 등받이에 옷의 어깨를 맞추어 건다. 셋째, 양쪽 소매를 의자 안쪽으로 포개어 접어 넣는다.

간혹 너무 긴 겉옷은 교실 바닥에 끌리기도 하기 때문에 되도록 겉옷은 아이가 스스로 입고 벗기 편하게 간편한 것을 준비하는 것이 좋다.

2〉 신발 벗기, 신발 신기

학교에서는 신발을 실내화로 갈아 신어야 한다. 신발은 신고 벗기 편한 것으로 마련한다. 끈으로 된 신발은 끈이 풀어지면 아이 혼자 묶지 못하는 경우가 많기 때문이다. 아이들에게는 매듭을 묶거나 리본을 묶는 일도 어려운 일! 풀어진 끈을 신고 다니면 자칫 끈을 밟고 넘어질 수도 있어서 위험하다. 되도록 찍찍이나 고무줄로 간단하게 조일 수 있는 신발을 신겨 보낸다.

3〉 화장실 문제 해결하기

학교에 입학한 아이들에게 학교 화장실은 특히나 낯설고 어려운 곳이다. 집과 다르게 생긴 입식 변기 모습에 당황하기도 하고 물을 내리는 곳을 찾지 못해 진땀을 흘리기도 한다. 또 화장실에서 혼자 옷을 벗고 입는 일도 만만치 않다. 되도록 바지는 허리가 고무줄로 된 것으로 입히고 허리 줄임 끈은 흘러내리지 않게 한 번 더 실로 꿰매서 고정해주면 좋다. 여자아이들의 경우 옷의 레이스나 리본이 화장실 바닥에 끌려서 젖는 경우도 있으니 주의해서 살펴야 한다. 또한 화장실을 쉬는 시간에 맞춰서 가는 일이 어렵게 느껴질 수 있으니 화장실을 규칙적으로 이용하는 법을 미리 일러둔다.

4〉 우유팩 여는 법

학교에서 먹는 우유의 우유팩 열기도 혼자 하기 어려운 일 중 하나이다. 하지만 몇 번만 연습을 하면 쉽게 할 수 있는 것이기도 하다. 별것 아닌 일이지만 몇 번쯤 미리 해봤던 아이와 학교에서 난생처음 마주하는 아이는 학교의 초반 적응에 차이가 날 수 있다. 집에서 우유팩을 열어 가족들의 우유를 컵에 따르는 일 정도는 아이들의 역할로 남겨주면 좋다.

5〉 손놀림 연습하기

초등학교 1학년에서 가장 많이 필요한 능력이 손 조작 능력이다. 미세한 손놀림으로 이루어지는 가위질이나 풀질, 종이접기, 젓가락질 등은 아이들이 버거워하는 손놀림 중에 하나다. 손근육은 아이마다 발달의 차이가 있고 시간이 지나면서 해결될 일이지만 어른들이 생각하는 것보다 아이들이 힘들어 하는 것이 많다는 점을 인지하고 평소에 손근육 활동을 활발하게 시켜주면 좋다.

2. 학용품과 준비물, 어떻게 챙겨 보내야 할까요?

교실에서 사물함과 책상 서랍을 정리하는 것은 등교하자마자 제일 먼저 해야 하고, 하교하기 전에 마지막으로 해야 하는 학교생활 중의 기본이다. 1년 동안 아이들은 사물함에 학교에서 사용할 물건을 담는다. 사물함 구비 물품으로는 크레파스, 색연필, 양치도구 등이 있다. 시중에 나온 학용품은 모양도 기능도 정말로 제각각이라서 어떤 것을 사서 보내야 할지 부모들은 고민스러울 때가 있다. 몇 가지 원칙만 지켜주도록 하자.

1> 학용품은 기능에 충실한 것을 고르자

학용품은 그 기능에만 충실한 것이 가장 좋다. 장식이 화려하고 눈에 띄는 것은 처음엔 아이도 좋아하고 친구들도 관심을 보이고 부러워할 수 있지만 시간이 지날수록 이런 학용품 때문에 친구들 사이에 분쟁이 생기는 경우가 많다. 필통은 수업 시간에 책상에서 떨어져도 소리가 나지 않는 천으로 된 필통이 좋다. 색연필이나 크레파스도 너무 많은 색으로 구성되어 있는 것은 분실 위험도 많고 펼쳐 놓으면 책상이 비좁아지기 때문에 불편하다.

2> 사물함 정리하는 법

각자의 이름이 적힌 사물함은 아이들의 개인적인 공간이다. 그래서 사물함을 열어보면 그 아이의 성격을 금방 알 수 있다. 모양과 크기로 다양한 물건들을 좁은 공간에 정리해서 넣는 것은 아이들에게 고난이도의 기술이다. 1학년 아이들은 정리를 한다기보다는 물건을 그냥 넣는 수준에 불과하기 때문이다. 이때 작은 바구니를 준비하여 풀, 가위, 양치 도구같이 작은 물건은 따로 넣을 수 있게 해주면 아이들도 쉽게 정리를 할 수 있다. 또 사물함은 학교마다 크기가 다양하므로 꼭 아이 교실의 사물함 크기를 체크해서 그 안에 들어갈 수 있는 크기의 학용품을 준비해서 보내는 것이 좋다.

3> 꼭 내 물건에 이름 쓰기

내 물건에 이름을 써두는 일은 앞으로 일어날 수 있는 많은 분쟁을 줄이기 위해 꼭 필요한 일이다. 아이들은 자신의 물건을 잘 구분하지 못하기 때문에 서로 내 것이라고 우기거나 또는 서로 자기 것이 아니라고 우기기도 하는 일이 발생한다. 학용품뿐만 아니라 아이의 옷이나 실내화에도 이름을 꼭 써두는 것이 좋다.

4> 가방은 전날 미리 챙기기

초등학생이 되었다는 것은 이제 스스로 해야 할 나이가 되었다는 것을 의미한다. 가방은 그 전날 챙기는 습관을 꼭 들여주자. 가방을 아침에 챙기다보면 바쁜 아침 시간에 허둥지둥대다가 결국에는 부모가 챙겨주어야 하는 상황이 되고 만다. 그러다보면 아이에게 스스로 하는 능력이 생기지 않는다. 그 전날 생각할 시간을 가지고 가방을 챙기다보면 다음날 있을 학교생활에 대해서 미리 그려볼 수 있다.

2
내 짝꿍을 소개합니다

 학교에 가면 가장 먼저 나를 맞아주고 긴 시간을 함께하는 사람, 바로 짝꿍이다. 아직은 어색한 교실에서 가장 친한 친구를 만난다는 기대감은 여덟 살 아이들에게 주어진 아주 설레는 기쁨이자 학교생활의 가장 큰 즐거움일 것이다.
 오늘의 수업은 짝꿍 집중탐구 시간으로 짝꿍을 서로 알아가기 위해 준비된 '짝꿍 얼굴 그리기' 수업이다. 눈도 다르고 코도 다르고 얼굴 모양도 제각기 다르게 생긴 아이들이 서로의 생김새를 관찰하다보면 나와 닮은 점도 볼 수 있게 되고 상대방의 속마음도 들여다볼 수 있는 기회도 생길 것이다. 아이들은 자신의 생애 첫 짝꿍을 어떻게 그릴까?

내 짝꿍은 이렇게 생겼어요

 오늘 미술 시간에는 짝꿍 얼굴을 그려보기로 했다. 짝꿍의 얼굴을 그리는 동안 온전히 짝꿍의 얼굴에 집중하며, 눈, 코, 입이 어떻게 생겼는지 특징도 파악하고 가장 가까이 있는 친구에 대해 좀 더 알아볼 수 있는 시간을 갖는 것이다.

| 선생님 | 종이 위에 거울 보여요? 이 거울 안에다 친구 얼굴을 똑같이 그릴 거예요. 명수야. 지금 다인이가 꽃 머리끈 했네? 그런 특징을 살펴보면서 그려보자. |

 짝꿍의 얼굴을 그리는 동안 아이들은 유심히 짝꿍의 얼굴을 관찰한다. 코가 어떻게 생겼나? 점이 어디 있을까? 눈썹은 어떤 모양이지? 서

로의 얼굴을 보여주면서 쑥스러운지 까르르 익살스런 표정도 짓는다.

"나 돼지코로 그릴 거야!"
"싫어, 그러면 내 얼굴 안 보여줄 거야."

교실 한쪽에서는 기대감을 갖고 내 얼굴을 보여주었는데 마음에 들지 않는 그림이라며 티격태격 신경전이 벌어졌다. 특히나 여자아이들은 짝꿍이 그린 그림이 마음에 들지 않는다. 반대의 경우도 있다.

교실 맨 앞에 앉은 짝꿍인 민범이와 소은이. 민범이가 진지한 표정을 짓고 있는데도 소은이는 자꾸만 민범이를 못생기게 그린다. '이것보다는 잘생긴 것 같은데?' 한껏 기대한 민범이는 실망이 이만저만이 아니다. "아니라니까!" "이렇게 그려야지." 다른 짝꿍들은 예쁘게 그려주는

것 같은데, 자기 짝꿍은 그렇지 않은 것 같아 서운한 마음에 민범이는 좀처럼 웃지 않는다.

하지만 다시 시작된 율동 시간, 언제 싸웠냐는 듯이 소은이와 민범이가 서로 새끼손가락 걸며 "사이 좋은 친구가 되자"고 약속하면서 마주보며 웃음을 터트렸다. 속상한 마음을 접고 짝꿍의 장난을 받아준 민범이. 소은이의 웃음에는 많은 의미가 있다. 그림을 못 그려서 멋쩍은 마음, 못생기게 그려주어도 괜찮다고 웃어넘기는 짝꿍에 대한 고마운 마음이 담긴 것이다. 소은이가 조금 더 잘생겨진 짝꿍의 얼굴 그림을 다시 보여주며 민범이를 바라보았다. 말하지 않아도 서로 진심을 읽은 소은이와 민범이. 아이들은 짝꿍과의 미묘한 갈등을 진심 어린 마음으로 이겨냈다. 경험으로 얻은 이 힘은 서로 소통하는 즐거움을 느끼게 하는 밑거름이 될 것이다.

1. 짝꿍과 잘 지내려면 어떻게 해야 할까요?

여덟 살 아이들에게 짝꿍은 좀 더 특별하다. 처음으로 내가 아닌 타인의 존재를 받아들이고 그와 더불어 조화를 이루어나가야 하기 때문이다. 가까운 사이가 늘 그렇듯 함께해서 즐거운 시간도 있지만 짝꿍 때문에 괴로운 시간도 생기게 마련이다. 우리 아이, 짝꿍과 잘 지내려면 어떻게 해야 할까?

1〉나와 타인의 감정이 다르다는 것을 가르쳐주세요

아기들은 세상에 태어나면 세상과 나를 동일시한다. 나와 세상을 구분하지 못하고 내가 느끼는 감정대로 이 세상도 그렇다고 생각하는 것이다. 다섯 살 아이들이 노는 것을 살펴보면 함께 모여 있기는 하나 서로 주고받는 상호작용 없이 각자 따로 자기만의 놀이를 하는 것을 볼 수 있다. 아직 자기중심적인 발달 단계를 벗어나지 못했기 때문이다.

그러면 아이들이 여덟 살이 되어 학교에 입학하게 될 때쯤엔 어떻게 달라질까? 이 시기부터는 나 아닌 타인의 존재를 인지하는 발달이 시작된다. 그 중요한 시기에 타인으로서 가장 많이 접하게 되는 사람이 바로 짝꿍이다. 아이들은 내가 느끼는 감정과 짝꿍이 느끼는 감정이 다를 수 있다는 것을 처음으로 깨닫게 되면 당황한다. 나는 짝꿍 얼굴을 정말 열심히 그렸는데 그 그림을 짝꿍이 마음에 안 들어한다는 자체가 당황스럽기도 하고 이해가 되지 않기도 하다. 어떻게 반응해야 할지 난감한 마음에 더욱 당황스러워한다. 그 미묘한 순간에 어떻게 반응하느냐가 아이들에게는 정말 귀한 배움의 순간이다.

이런 순간을 가장 잘 이겨나가기 위해서는 가정에서도 아이들에게 다른 사람의 감정과 상황에 대해 조금씩 가르쳐주는 것이 필요하다. 가정에서의 타인이라고 하면 바로 엄마, 아빠일 것이다. 여덟 살 정도가 되면 아이들에게 "엄마가 지금은 많이 피곤해", "네가 엄마를 이해해주면 좋겠어"와 같은 말을 통해 아이들이 타인의 감정이 나와 다를 수도 있다는 경험을 많이 하게 해주는 것이 좋다. 가정에서 이런 경험을 많이 한 아이들일수록 짝꿍과 잘 지내는 법을 터득할 수 있다. 집에서도 아래의 짝꿍 사귀기 3단계 전략을 살펴보고 아이들을 지도해보자.

첫째, 짝꿍의 생각과 감정이 나와 다를 수도 있음을 이해하기
둘째, 나는 이런데 짝꿍은 어떻지? 하고 짝꿍의 마음 살펴보기
셋째, 조금 양보하고 이해해주면서 짝꿍에게 먼저 다가가기

2. 짝꿍과 잘 지내지 못할 때는?

아이가 학교에 다녀와 짝꿍을 바꾸고 싶다고 한다면 어떻게 해야 할

까? 학교에서 짝꿍과의 갈등이 지속될 때, 아이들이 집에 돌아와 짝꿍을 바꿔달라고 말하기도 한다. 하지만 부모가 직접 나서서 해결해줄 수 있는 부분이 아니기 때문에 난감하기만 하다. 그렇다면 부모는 이럴 때 아이를 어떻게 도와줄 수 있을까?

1〉 짝꿍에 대한 불만을 말하는 빈도수를 체크해보세요

아이들의 기질은 천차만별이라서 정확하게 어떤 상황인지 가늠하기 어려울 수 있다. 그럴 땐 아이가 불만을 말하는 빈도수를 체크해본다. 처음 짝꿍에 대해서는 별말이 없다가 어느 날 짝꿍이 바뀌고 나서 이런 소리를 부쩍 자주 한다면 바뀐 짝꿍이 아이와 잘 맞지 않기 때문일 수 있다. 하지만 아이가 어떤 짝꿍을 만나는 것과 상관없이 지속적으로 이런 말을 한다면 다른 원인이 작용했을 수도 있다. 가령 학교에 있는 아이들의 책상은 매우 좁기 때문에 갈등의 원인이 되기도 한다. 몸집이 크거나 동작이 큰 짝꿍의 경우에는 어쩔 수 없이 짝꿍의 몸이나 물건이 아이의 자리로 넘어오기 쉬운데 기질적으로 예민한 아이들은 이런 상황 자체를 힘들어하는 경우가 있다. 이런 아이들은 짝꿍이 일부러 자기 자리로 넘어온다고 생각하기도 한다. 그러나 실제로는 여덟 살 아이들 특유의 투박함과 부산함 때문에 발생하는 일들일 수 있다. 예민하고 민감한 아이의 기질이 문제라면 짝꿍 문제를 조금 다른 각도로 생각하고 접근하는 것이 좋다.

2> 짝꿍의 이름을 기억해두세요

아이의 문제가 아니라 아이가 특정 짝꿍하고만 못 지내는 경향이 있다면 그 짝꿍의 이름을 알아두자. 1학년 교실에는 에너지가 넘쳐서 부산한 아이들이 있기 마련이다. 특정 아이와 짝꿍을 할 때만 아이가 괴로워한다면 그것은 내 아이만의 문제는 아닐 수 있다. 이는 다른 친구들에게도 해당되는 문제일 수 있다. 문제가 계속될 경우 적절한 타이밍에 담임 선생님에게 상담을 요청해보자. 담임 선생님이 이 문제를 인지하고 있을 확률이 매우 높다.

3
1학년의 하루

   1학년 아이들에게 3월은 다른 달과 의미가 다르다. 첫 학교생활로 진입하는 적응 기간이기 때문에 교과목 수업보다는 새로운 환경에 잘 적응할 수 있는 수업이 주를 이루면서 학교생활의 기초 질서와 규칙을 집중적으로 익힌다. 새로 만난 친구들, 앞으로의 생활 공간에 대한 공부도 빠질 수 없다.

   1학년들의 첫 정규 학교생활이 시작되었다. 40분의 수업 시간 동안 앉아 있기조차 힘든 1학년 아이들의 3월 하루 수업은 잘 이루어질 수 있을까?

1교시, 1학년들의 학교 대탐험 시간

1교시는 학교 구경하기. 1층부터 3층까지 학교를 구경하는 시간이다. 아이들이 한 줄로 서서 선생님을 따라 학교 구석구석을 살펴보기로 했다. 우선 선생님이 "앞으로 나란히"를 외치며 한 줄로 줄을 세웠다. '앞으로 나란히'를 하며 앞과 뒤 간격도 맞춰보고 서로 키도 재보는데 그 순간에도 뒤로 밀려 넘어지기도 하며 좌충우돌하는 아이들이다. 이제 '앉아 번호'를 하는 시간. 아이들은 처음 하는 번호 구령을 잘할 수 있을까?

아이들	1, 2, 2, 3, 3, 4.
선생님	땡, 일어나세요. 다시 시작!

이게 뭐지? 처음 경험한 앉아 번호에 어리둥절하다가 친구들이 하는 모습을 보면서 아이들은 몇 번의 반복과 함께 구령을 외치면서 차례대로 앉았다.

아이들　　1, 2, 3, 4, 5, 6, 7, 8, 9, 10, 11!

놀라운 습득력, 세 번 만에 앉아 번호 성공이다! 아이들도 스스로 대견한지 서로 마주 보며 웃음을 터트린다.

설레는 마음으로 교실 밖을 나서는 아이들. 1학년들에게는 처음 맞이한 학교가 너무 크기 때문에 어디가 어딘지 몰라 자칫 학교 안에서 길을 잃어버릴 수도 있다. 아이들 눈에는 책이 빼곡하게 쌓인 도서관, 하얀

커튼으로 가려진 양호실 등 학교의 모든 것이 신기하기만 하다. 언니 오빠 형들은 어떻게 공부할까? 아이들 눈에 내 키보다 한 뼘은 더 큰 상급생 학생들이 대단하게만 보인다.

교실보다 훨씬 큰 운동장에서 바라보는 학교의 느낌은 또 다르다. 운동장 한 바퀴를 돌고 나니 넓고 어색했던 학교와 금세 친해진 것 같은 기분이다.

2교시와 쉬는 시간

선생님   공부 시간에는 바른 자세로 앉아서 공부해야 돼요. 여러분들도 바른 자세로 앉아보세요. 허리 쭉 펴고.

선생님의 말에 하준이가 의자를 당겨 앉고 아이들도 이에 질세라 자세를 고쳐 앉았다. 공부 시간의 기본은 바로 바른 자세! 바른 자세로 앉은 아이들에게 선생님이 학교의 하루 일과를 알려주자 저마다 궁금한 질문이 쏟아져 나왔다.

"쉬는 시간은 쉬하는 시간이에요?"
"양치질할 때 선생님 치약 써도 돼요?"
"아직 안 끝난 거예요?"

궁금한 것투성이인 아이들. 양치질은 언제 하는지 집에는 언제 가는지 질문은 끊이지 않는다. 2교시가 끝나자 선생님이 지금이 바로 쉬는 시간이라고 알려주었다. 아직 시계를 읽지 못하는 아이들에게 시계에 표시된 숫자 11을 가리키며 큰바늘이 11로 가면 3교시가 시작되는 것이라는 설명도 덧붙였다.

아이들은 처음 맞이한 쉬는 시간을 어떻게 보낼까? 복도에서 혼자 잠입 액션 하는 민혁이, 우유 바구니를 들고 오는 서진이와 민범이, 화장실에서 나오는 의서, 운동장에 나가려는 친구를 따라 같이 운동장에 나가고픈 연진이. 아이들의 쉬는 시간이 다채롭게 펼쳐진다. 긴 수업 시간을 여덟 살 아이들이 잘견딜 수 있을까 싶은 우려와 달리 아이들은 학교에서의 시간을 생각보다 알차게 보내고 있다.

3교시, 반 번호 이름 정확히 알기

3교시는 1년 동안 한몸처럼 붙어 다니게 될 내 번호, 학년, 반, 이름을 쓰는 시간이다.

선생님이 번호를 호명하면서 한 명 한 명 눈을 맞추어 아이들의 번호를 불러주었다. 선생님이 아이들과 눈을 맞추는 것은 신뢰를 쌓기 위한 소통의 방식이기도 하다. 그런데 아뿔싸! 반 번호를 불러주자마자 번호를 잊어버린 아이들이 속출한다. 초등학교 1학년은 4월 이후에 10 이상의 숫자를 배우기 때문에 아직 숫자 개념을 모르는 아이들의 경우 자기 번호를 헷갈려 하는 것이다. 선생님의 설명에 아이들이 자기 번호를 다시 적어넣었다. 자기 번호를 기억하고 또박또박, 이름까지 적는 의서의 글씨가 야무지다.

4교시, 운동장 놀이기구 이용 시간

4교시는 바깥 활동으로 운동장 놀이기구 이용하기 시간이다. 이때 용감하게 하준이가 구름사다리 타기에 도전했다. 팔 힘이 단련되어야 탈 수 있는 고난이도의 구름사다리를 하준이가 무사히 건너갈 수 있을까? 으랏차차 힘을 내어 구름사다리를 하나씩 건너는 하준이의 기세가 당차다. 아이들이 마음 졸이며 하준이를 바라보는데 그 순간에 아쉽게도 하준이가 떨어지고 말았다. 하지만 하준이의 용기에 자극받은 아이들로

인해 구름사다리는 대기자들로 와글와글 붐비고 아이들은 친구들이 한 명씩 도전할 때마다 "끝까지, 끝까지, 끝까지!" 따뜻한 응원도 잊지 않는다.

4교시까지 마치고 점심 시간이 찾아왔다. 밥 먹은 후 양치질까지 깨끗이 한 아이들은 알림장을 받아적은 뒤 인사를 하면서 하루 일과를 마쳤다.

가장 어려운 첫 정규 수업의 하루를 보내고 다음날을 기다리는 아이들. 아이들은 반복을 통해서 서서히 배운다. 반복은 여덟 살 아이들이 가장 좋아하는 것 중 하나이다. 어른들의 눈에는 다소 지루하고 무의미해 보이는 것들이 아이들에게는 모두 소중한 배움의 시간이 된다. 공부 시간, 쉬는 시간, 점심 시간. 1년 동안 반복되는 시간이지만 그 속에서 아이들은 배움을 찾아갈 것이다. 내일은 좀 더 익숙하고 편해진 마음으로 말이다.

1. 학교 수업 시간에 적응을 잘할 수 있으려면 어떻게 해야 할까요?

아직 1학년에게는 바른 자세로 앉아 똘망똘망한 눈으로 선생님의 말씀을 주의 깊게 경청하며, 가끔 손을 번쩍 들어 모르는 것에 대해 질문하는 모습을 기대하기는 어렵다. 여덟 살 아이들은 수업 시간 내내 한 공간에서 보내는 것조차 힘들 수도 있다. 그렇다면 아이들이 학교 수업 시간에 적응을 잘하게 하려면 어떻게 해야 할까?

1> 바른 자세의 올바른 의미를 가르쳐주세요

공부를 잘하기 위해서는 바른 자세보다 더 중요한 것이 바로 '집중력'이다. 바른 자세로 앉아서 공부해야 잘하는 아이들이 있는가 하면, 조금 산만하게 몸을 흔들어대고, 중얼중얼 소리도 내면서 해야 집중을 잘하는 아이들이 있다. 사람마다 집중할 때의 자세가 다르기 때문이다.

여덟 살 아이들에게 적용해야 할 바른 자세는 학습 과제에 적당히 집중할 수 있으면서 수업에 방해되지 않는 정도가 가장 무난하다. 또 그 자세를 유지하는 시간도 일괄적으로 40분으로 적용하기보다는 아이의 기질에 따라 차이를 두는 것이 좋다. 어떤 아이들에게는 40분 동안 의자에 앉아 있는 것이 쉬운 일일 수도 있지만, 어떤 아이들에게는 20분 동안 앉아 있는 것도 힘든 일일 수 있기 때문이다. 가정에서도 책읽기나 학습을 할 때, 이런 아이의 기질을 잘 살펴서 아이에게 적당한 시간을 정해주는 것이 좋다.

지루한 수업 시간이지만 아이들도 나름대로 40분의 지루함을 잘 이겨나갈 방법을 찾고 있다. 화장실을 간다거나 물을 먹는다는 핑계로 바람을 쐬고 오기도 하고, 슬쩍 선생님 눈을 피해 옆 짝꿍과 장난을 치기도 한다. 지루한 시간을 남에게 피해를 주지 않고 잘 견뎌내는 것, 이것도 아이들이 학교생활을 통해 부수적으로 얻을 수 있는 삶의 지혜일 것이다.

2〉 '학교 가면 혼난다'라는 말의 부작용

아이가 학교에 입학할 때쯤 되면 부모들이 아이들에게 "학교에 가면 화장실도 마음대로 못 가", "너 학교에서도 그런 행동하면 선생님께 혼난다"라는 말을 하는 경우가 종종 있다. 우리 아이가 학교에 잘 적응할 수 있을까 걱정되는 마음에서 하는 말들이지만 이런 어른들의 말 때문에 아이들은 학교생활에 대해 부담을 느끼고 긴장하게 된다. 1학년 2반 아이들이 선생님에게 그토록 다양한 질문을 쏟아낸 것은 앞으로 내가 하루의 절반 이상을 몸 담아야 할 이 학교라는 곳이 도대체 어떻게 돌아가는 곳인지 대한 두려움 반, 설렘 반이 뒤섞인 감정들의 표현이기도 하다. 그러면서 아이들은 조금씩 마음속에 자기 나름대로 학교를 정의해나가기 시작한다.

  부모는 아이가 걱정되어 학교의 모든 것을 먼저 가르쳐주려는 마음이 들 때가 있다. 그 마음이 잘못 전달되면 아이에게는 불필요한 긴장감만 높여줄 뿐이다. 가끔은 이렇게 아이가 스스로 정의할 수 있도록 기다려주는 것도, 아주 중요한 교육의 일부가 된다.

2. '학교 가기 싫어'라는 말을 들었을 때 어떻게 해야 할까요?

  처음에는 설레는 마음으로 학교에 입학했던 아이들도 4교시 정상 수업이 시작되고, 본격적인 학습이 시작되면 슬슬 학교가 지겨워지고 가기 싫은 마음이 생기기도 한다. 이때쯤 되면 아이들의 입에서는 "학교 가기 싫어"라는 소리가 나오기도 한다.

1〉 아이들의 시간을 기다려주세요

  아이에게서 학교 가기 싫다는 말을 들었을 때, 대부분의 부모는 걱정스런 마음이 먼저 앞선다. 하지만 아이의 입장에서 살펴보면 다를 수 있다. 학교를 고작 한 달밖에 경험해보지 못한 아이들은 학교에서 친한 친구와 수다를 떠는 재미나, 함께 축구를 하며 땀을 흘리는 즐거움을 맛보지 못한 상태다.

  학교 가기 싫다는 아이의 말을 이런 뜻으로 이해하고 나면 부모도 아이의 말에 대해 훨씬 더 여유로워질 수 있다. 부모의 여유는 아이들에게도 그대로 전달되어, "힘들어도 괜찮아. 앞으로는 조금씩 나아질 거야"라는 메시지로 받아들여진다. 아이가 하는 학교에 대한 부정적인 말들을 열린 마음으로 그대로 느끼고 받아들이자. 그렇게 부모에게서 감정적인 지지를 받은 아이들은 어느 순간 학교에 대한 부정적인 감정들이 줄어들면서 훨씬 활기차고 건강하게 학교생활에도 적응할 수 있게 될 것이다.

2〉 방과 후, 재충전의 시간이 필요해요

아이들이 학교에 있는 시간은 비슷비슷하지만, 방과 후에 보내는 시간은 천차만별이다. 학교 방과 후 수업을 듣거나 돌봄 교실에서 더 늦은 시간까지 있기도 하고, 여러 학원을 다니면서 시간을 보내기도 한다. 과연 어떻게 시간을 보내는 것이 가장 좋을까? 정답은 '아이마다 다르다'이다. 어떤 아이들은 이것저것 배우는 것에서 즐거움을 찾고 활기를 느끼기도 하지만, 어떤 아이들은 이런 활동들을 하면서 에너지를 소진하기도 한다. 아이마다 재충전을 하는 방법이 다른 것이다.

우리 아이의 기질과 성향을 잘 살펴보고, 아이에게 맞는 방법을 찾아 시간을 보낼 수 있도록 하는 것이 좋다. 대부분의 아이들은 처음 입학을 하면 학교에 적응하느라 긴장을 많이 하게 되므로, 되도록 1학년 1학기는 아이에게 맞는 재충전의 시간을 갖도록 배려하는 것이 필요하다.

아이들의 1교시 수업에서 줄서기와 앉아 번호를 처음엔 제대로 하지 못하던 아이들이 몇 번 반복하자 금방 잘하게 되는데 이때 가장 큰 역할을 한 것은 '다른 친구들이 하는 것을 보는 것'이다. 옆 친구의 눈치를 보면서 내 순서에서 실수하지 않고 타이밍을 잘 맞추어 앉는 것! 그렇게 한 반이 모두 하나의 통일감을 이루었을 때의 일체감. 이런 것들은 오직 학교에서만 배울 수 있는 소중한 경험일 것이다.

4
우리에게는 꿈이 있어요

꿈꾸는 어린이의 눈빛을 떠올려보자. 무엇이든 되고 싶고 무엇이든 될 것만 같은 상상과 희망이 가득하다. 꿈은 인간을 성장시키는 기본이자 발판이다. 지금은 어른이 된 부모들도 어릴 적에는 이렇듯 꿈 많던 시절이 있었다. 그렇다면 우리 초등학교 1학년 친구들은 어떤 꿈을 가지고 있을까? 이제 막 학교생활을 시작하면서 친구들과 함께 꿈을 꾸며 서로를 알아가는 아이들의 모습을 살펴보면서 꿈의 의미를 생각해보자.

미래의 나는 어떤 모습일까?

꿈에 대해 이야기해보고 아이들이 생각하는 훌륭한 인물에 대해 이야

기해보는 시간. 초등학교 1학년생들은 어떤 꿈을 간직하고 있을까? 또 여덟 살 아이들 마음속에 들어온 직업의 세계는 어떤 것이 있을까?

다인	저는 하고 싶은 게 너무 많아서 못 고르겠어요.
건하	저는 축구 선수가 되고 싶어요.

아이들이 진지하게 꿈에 대해 고민하고 자신의 꿈을 써내려간 뒤에 선생님과 친구들에게 자신이 그린 꿈을 보여주었다. 생각이 막힐 때는 친구들에게 물어보기도 하고 의견을 주고받기도 한다. 민혁이의 꿈은 경찰관이다. 평소 경찰관의 모습을 많이 관찰했는지 그림을 아주 멋지게 그렸다. 자신의 꿈을 그려나가는 모습에서 아이들의 순수한 동기가 묻어나온다. 드디어 아이들의 꿈 발표 시간이다. 아이들은 어떤 꿈을 꾸

고 있을까?

봄 제 꿈은 아나운서입니다.
윤수 제 꿈은 배드민턴 선수입니다.
미란 제 꿈은 가수입니다.

　초등학교 1학년 친구들의 다양하고 구체적인 꿈이 펼쳐졌다. 그런데 다인이는 제일 되고 싶은 것이 엄마라고 말한다. 네 명의 아이를 낳을 거라고 아주 씩씩하게 선언해버렸다. 세상에 태어나서 가장 많은 시간을 함께하고 모든 것을 제공해주는 엄마가 다인이에게는 최고의 존재인 것이다. 엄마의 따뜻한 격려와 사랑을 통해 용기를 내어 세상으로 나온 아이들. 아이들의 눈에는 자신에게 세상을 향한 용기와 도전을 가능하게 해주는 사람인 엄마가 세상에서 가장 훌륭하고 꿈과 같은 존재인지도 모른다. 다인이의 해맑은 표정에 절로 미소가 지어진다.

꿈을 꿈통에 넣어요

　아이들이 꿈을 나무젓가락에 적어 '꿈통'에 넣기로 했다. 아이들의 희

망을 담은 이 꿈들은 이루어질까? 네 명의 아이를 낳는 것이 꿈이라는 다인이의 꿈은 이루어질 수 있을까? 살아갈 날들이 무궁무진한 아이들의 꿈은 어떤 모양으로 아이들 가슴속에 자리할까?

드디어 꿈을 이루기 위해 꿈통에 꿈 넣기를 도전하는 아이들. 하지만 생각보다 나무젓가락을 꿈통에 골인시키는 것은 쉽지 않다. 들어갈 듯 말 듯 아슬아슬 통에 넣지 못 하고 땅에 떨어뜨리기를 여러 번, 하지만 아이들은 끝까지 포기하지 않고 시도해본다. 드디어 꿈통 넣기에 성공한 아이와 선생님의 기쁨의 하이파이브! 이 마음이 전해져 꿈이 곧 이루어질 것만 같다.

선생님 여러분의 꿈이 모두 담겨 있어요. 우리 반 친구들의 소중한 꿈들이요. 여러분이 나중에 커서 미래에 훌륭한 사람이 되었으면 좋겠어요. 선생님이 잘 보관할게요. 꿈을 위해서는 여러분이 이루고자 하는 꿈을 향해 열심히 노력하면 돼요.

친구 이름을 기억해요! 빙고 게임

빙고 게임은 종이 한 칸 한 칸에 친구들의 이름을 적은 뒤 선생님이 부르는 친구들 이름을 지워나가면서, 친구 이름을 가장 빨리 지운 친구가 이기는 게임이다.

어떤 아이가 반 친구들의 이름을 가장 많이 알고 있을까? 16칸을 친구들의 이름으로 모두 채워야 게임에서 이길 수 있다. 짝꿍, 옆의 아이, 앞의 아이의 얼굴을 흘깃 보면서 이름을 쓰는 아이들. 서로 상의하고 물어도 가면서 또박또박 친구들의 이름을 써내려간다. 빈칸을 채우지 못한 아이들은 선생님이 아이들 이름을 부를 때 따라 적으면 그만이다. 과연, 빙고 게임 우승자는 누가 될까? 바로 봄이! 우승한 아이가 누군지는 중요하지 않다. 아이들에게는 서로에 대해서 조금씩 알아가고 친해지면서 한 걸음 더 가까워질 수 있는 시간으로 기억될 것이다.

1. 아이의 꿈을 위해 어떤 도움을 주면 좋을까요?

1〉 아이의 꿈을 먼저 바라봐주세요

아이들에게 꿈을 물어보면 생각보다 그 종류가 다양하지 않을 때가 많다. 꿈을 찾기 위해서는 자신의 마음을 들여다보는 것이 가장 중요하다. 자신의 마음을 들여다보기 위해서는 자신에게 집중하고 마음에 귀를 기울여야 하는 시간이 필요하다. 바로 그 시간을 갖도록 해주는 것이 꿈을 찾는 아이들에게 부모나 선생님이 해주어야 하는 역할이다.

그런데 아이들이 말하는 꿈은 대부분 어른들 세계의 직업이 담겨 있는 경우가 많다. 아이들은 부모가 바라고 원하는 것을 마음에 둘 때가 많기 때문이다. 아이는 엄마 아빠가 자신이 어떤 말을 할 때 좋아하는지를 감지하고 부모가 바라는 대로 자신의 꿈으로 정해버리곤 한다. 여덟 살이 앞으로 살아갈 무궁무진한 세계를 단정짓지 말자. 많이 웃는 사람, 마음이 따뜻한 사람, 이곳저곳 여행하는 사람처럼 다채로운 꿈을 상상할 수 있도록 아이의 마음에 귀를 기울여주도록 하자.

2> 꿈을 위한 길은 다양해요

여덟 살 아이들은 아직 사고가 유연하지 않기 때문에 어른들의 눈으로 보기엔 고지식할 정도로 비상식적인 생각을 가지고 있는 경우가 많다. 어른들의 생각에는 당연한 것들이 아이들에게는 당연하지 않다. 그래서 아이들의 눈높이에 맞추어서 찬찬히 풀어서 설명해주어야 한다. 그것도 여러 번 반복해서 말해주어야 아이들은 아주 조금씩 그 내용을 받아들인다. 꿈에 대한 이야기도 마찬가지다. 어떤 아이들은 딱히 싫다고 말하는 것은 아니지만 정확한 대답을 회피하면서 자신의 꿈을 말하는 것을 거부하기도 한다. 아이는 꿈을 말해버리면 꼭 그대로 되어야만 한다는 생각을 가지고 있을 수도 있다.

중요한 것은 꿈을 향한 길은 여러 갈래이고 또 얼마든지 바뀔 수 있다는 사실, 꿈을 생각하는 것은 스스로 무얼 좋아하고 즐거워하는지 알아가는 과정이라고 반복적으로 설명해주도록 하자.

5
등교 마라톤

  초등학교 1학년의 등교는 1학년 부모들의 도전 과제이기도 하다. 아이들을 등교시키느라 고생하는 어머니의 위대함이 떠오르는 시간. 사회생활을 시작하는 초등학교 1학년의 등교 마라톤은 우리의 길고 긴 인생 마라톤의 신호탄일지도 모른다.

  학기 초부터 시작된 1학년 2반의 등교 레이스! 허겁지겁 달려오는 민범이, 학교 교문 안에 들어와서도 달리는 윤수, 아이와 엄마가 함께 뛰어가는 아이들. 아이들의 지치지 않는 등교 마라톤이 시작되었다.

등교 전쟁의 시작, 등교 준비!

초등학교 1학년 아이들에게 9시 등교는 결코 쉬운 일이 아니다. 아침에 일어나서 교실에 도착하기까지 스스로 해야 할 일이 많다. 밀려오는 아침잠을 뒤로하고 자리에서 일어나는 것부터가 시작이다. "학교 갈 시간이야" 하는 아빠의 말에 자리에서 벌떡 일어나는 아이가 있는가 하면, 어렵게 몸은 일으켰지만 여전히 정신은 몽롱한 아이도 있다. 그래도 일단 일어나면 혼자서 씻고 엄마가 차려준 밥을 맛있게 먹고 옷을 챙겨 입고 집을 나선다.

이불 속에 꽁꽁 숨은 소은이가 아빠의 채근에도 꿈쩍하지 않는다. 학교 가자는 아빠의 말에 부스스 눈을 뜨고 기지개를 편다.

하준이의 집은 어떨까? 누나와 동생이 있는 하준이는 알아서 눈을 뜨고 일어나 양치질을 하면서 등교를 준비한다. 이제 아이들 모두 9시까

지 교실에 가야 한다.

예측 불허 등교 마라톤 순위

아이들은 언제쯤 교실로 들어올까? 21명의 친구들은 9시까지 모두 자리에 들어올 수 있을까? 가장 먼저 등장한 첫 주자 민범이와 시연이가 앞서거니 뒤서거니 교실로 들어왔다. 아빠의 손을 잡고 학교로 들어온 윤수는 학교에 오자마자 아빠의 손을 얼른 내려놓았다. 교실로 들어온 선생님과 뒤따라 들어온 민혁이의 모습도 보인다. 아빠 손을 잡거나 엄마의 손을 잡고 등교하는 아이들. 가족의 응원을 받으면서 학교에 오는 아이들도 있고, 혼자서 씩씩하게 등교하는 아이들도 있다.

그런데 일찍 학교에 온 의서가 바로 교실에 가지 않고 연못가 난간에

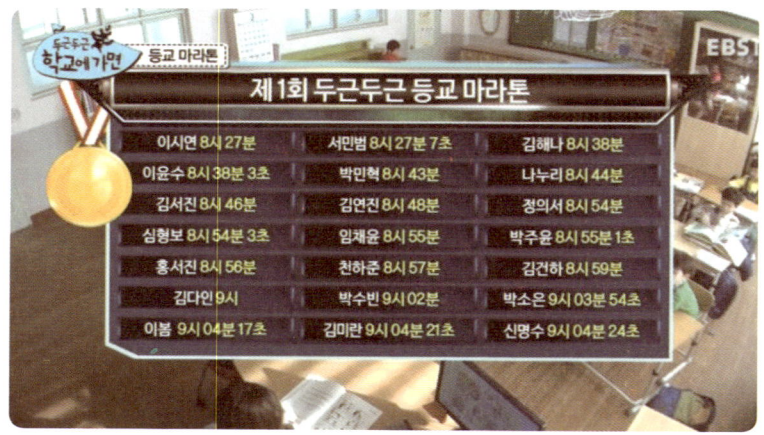

올라서 있다. 연못가에 서서 자연을 관찰하며 봄이 오는 소리를 듣는 의서. 무슨 생각을 하고 있을까? 자연을 벗삼아 고요한 아침을 보내는 의서는 느긋하게 여유를 즐기고 교실로 들어왔다.

누가 먼저 오건 상관없이 학교로 들어오는 아이들의 표정이 밝다. 9시 10분, 21명 아이들의 등교는 모두 완료되었다.

엄마와 함께라면, 이제는 나 홀로!

엄마에게도 9시 등교는 매일 통과해야 하는 하나의 미션이다. 마지막으로 교실에 들어온 명수의 아침 풍경을 들여다보자. 명수는 옷 입기부터 양치질까지 모든 준비를 엄마의 도움 없이 차근차근 스스로 해낸다. 아침밥을 꼭꼭 씹어먹은 명수가 야무지게 입을 닦고 스스로 옷도 입는다. 그런데 이미 시계는 8시 55분을 향하고 있다. 명수 엄마의 아침은 너무나 바쁘다. 명수보다 어린 두 동생들이 있기 때문이다. 동생들 때문에 바쁜 엄마의 손길을 바라지 않고 명수는 혼자 등교 준비를 하고 학교 가는 길을 나선다. 빨리 서두르지 않으면 지각 당첨이다. 앞으로 배워야 할 것이 너무나 많은 아이들. 9시 등교에 대한 시간 개념도 서서히 배워야 나가야 할 때이다.

험난한 아침 등교 준비는 아이와 엄마 모두를 조금씩 성장하게 해준다. 엄마가 해줄 수 있는 것과 아이가 해야 하는 것이 따로 있지만, 아이들이 일어나서 교실에 도착하는 순간까지 엄마는 아이와 함께 가슴으로 걷는다. 매일 아침 등교마저도 쉽지 않은 1학년 2반 아이들에게는 누가 먼저 혹은 늦게 오느냐보다 학교에 도착했다는 사실 그 자체가 대견한 일일지도 모른다.

아이의 평소 습관과 생활 패턴이 고스란히 드러나는 아이의 등교 시간. 학교생활의 하루를 여는 이 시간은 아이들에게 무엇보다 소중하게 다가온다. 아이들은 수업 시간 외에도 등하교 시간에 많은 것을 배우기 때문이다. 엄마와 함께했던 길은 점차 친구들과의 우정을 쌓는 길로 바뀔 것이다. 시간 관리 능력을 키우고 친구들과 마음을 나누며 등교하는 길. 학교로 향하는 아이들의 힘찬 하루를 기대해본다.

1. 아이의 아침 등교 준비를 잘 도와주려면 어떻게 해야 할까요?

1> 아이가 그 전날 충분하게 자는 수면 습관을 갖게 해주세요

아침에 일어나 아이들이 등교 준비를 하는 시간은 어른보다 오래 걸린다. 아직 숙련도가 떨어지는 아이들이기 때문에 옷 하나를 입고 밥을 챙겨먹는 일도 하나하나 시간이 걸리기 마련이다. 하지만 어른 입장에서 생각하면 아이의 행동이 느리게 느껴져서 마음은 급한데 서두르지 않는 아이가 답답하기만 하다. 아이들의 준비 시간은 오래 걸린다는 것을 염두에 두고 아이들이 여유 있게 준비 시간을 확보할 수 있도록 일찍 일어나게끔 해야 한다. 초등학교 1학년의 경우에는 9~10시간 정도 충분히 자는 것이 좋다. 9시까지 등교하려면 7시에서 7시 30분 사이에는 일어나야 하는데 그러기 위해서는 그 전날 9시 무렵에는 잠이 들어야 한다. 맑은 정신으로 등교 준비를 하고 학교에 갈 수 있도록 생활 습관을 점검하는 것이 좋다.

2> 아침에 잘 일어나는 아이 VS. 못 일어나는 아이

아침 등교를 준비하는 집의 분위기는 아이의 기질에 따라 매우 다르다. 아침형 아이들은 누가 따로 깨우지 않아도 아침에 잘 일어나지만, 누가 엎어가도 모를 정도로 깨워도 꿈쩍 않고 깊은 잠을 자는 아이들도 있다.

일단 준비물과 숙제 등의 등교 준비는 전날 저녁에 모두 마치는 것이 좋다. 예민한 기질의 아이는 그래야만 편한 마음으로 잠을 잘 자고, 만사태평인 아이는 뭔가를 빠트렸을 때 만회할 시간을 벌 수 있기 때문이다.

느긋한 성격 탓에 아침에 늦잠을 자주 자는 아이라면 기상용 알람시계를 준비해주고, 되도록 스스로 일어나는 습관을 들이도록 한다. 물론 처음엔 어렵고 지각하는 일까지 발생할 수도 있겠지만, 그렇다고 자꾸만 부모가 깨워주게 되면 더더욱 나쁜 습관만 생긴다. 엄마가 늦게 깨워서 지각했다고 부모 탓을 할 수도 있다. 아침에 알람 소리에 맞춰 스스로 일어나는 습관을 기르는 게 쉬운 일은 아니지만, 1학년 때 이 습관을 길러주지 않으면 고학년이 되어서까지 아침 전쟁을 계속해야 할지도 모른다.

2. 아이들의 등굣길 배움

아이를 처음 학교에 보내는 부모 입장에서는 아이의 등굣길부터 마음이 놓이지 않는다. 집 앞에 큰 길이 있는데 아이가 잘 건널 수 있을까 걱정되고, 학교 가는 길에 무슨 사고라도 나면 어쩌나 하는 마음도 든다. 또 다른 아이들은 모두 엄마가 학교에 데려다주는데 우리 아이만 혼자

가게 하면 기죽는 것은 아닌지 걱정이 되기도 한다. 1학년 아이들의 등 굣길은 부모가 얼만큼 함께하고 도와주는 것이 좋을까?

1〉 아이의 성장은 등굣길부터 시작됩니다

입학 후 한동안은 1학년 교실 앞에서 아이의 등굣길을 도와주는 부모들을 많이 볼 수 있다. 아이의 책가방이 무거워서 혼자 가는 것을 무서워해서, 아이가 자꾸 같이 가자고 해서… 이유를 들어보면 모두 저마다의 사정은 있다. 어떤 아이들은 긴장을 많이 해서 엄마와 헤어지는 것 자체를 두려워하기도 한다. 그런데 아무리 엄마와 헤어지기 싫다고 떼를 쓰던 아이라도 일단 교실에만 들어오면 언제 그랬나 싶을 만큼 아이의 관심은 급속도로 교실 안의 상황에 빠져든다.

아이에게 학교는 긴장되고 어려운 곳이지만 한편으로는 흥미진진하고 궁금한 세상이기도 하다. 이런 아이의 마음을 이해하고, 아이가 엄마의 손을 놓고 싶어 하지 않을 때 부모가 그 갈등의 시간을 줄여주는 것이 좋다. 미리 규칙을 정하여 놓고 그대로 실천하는 모습을 보이는 것이 중요하다. 예를 들면 8시 20분에 집에서 나가고 엄마는 현관문까지만 배웅하기로 미리 정하는 식이다. 그리고 그 규칙을 잘 지키면 아이가 좋아하는 요리를 만들어준다든가 하는 적절한 보상을 해준다. 그러면 아이도 엄마의 손을 놓는 데 쓸데없이 시간을 허비하지 않고, 곧바로 흥미진진한 학교생활에 바로 몰입할 수 있게 될 것이다.

2〉 입학 후 얼마 동안 아이를 데려다주는 게 좋은가요?

적응 기간인 이 주에서 한 달을 적정 기간으로 본다. 한 주는 같이 갔다 오고, 한 주는 중간쯤에서 만나 아이가 자신감을 갖게 하면 좋다. 아이를 어디까지 데려다줘야 하는지 고민이라면 학교 안까지 들어가는 것보다는 교문 앞까지 같이 가고 헤어지는 것이 바람직하다. 이제 사회생활의 첫발을 내디딘 아이에게 그에 맞는 자립심과 사회성을 키워주는 것이 필요하다. 아이가 스스로 헤쳐나가도록 지켜봐주도록 하자.

3〉 아이들의 말에 담긴 진짜 의미

아이들의 긴장된 마음은 종종 신체적으로 표현되기도 한다. 어제까지 멀쩡하던 아이가 학교 가는 아침만 되면 열이 나고 감기 증상을 보이기도 하는 것이다. 아이가 진짜 아파서 그런 걸까? 이럴 때 부모는 학교를 쉬게 하는 것이 옳은 건지 그래도 보내야 하는 건지 판단이 잘 되지 않는다.

그럴 때는 시간을 두고 반복해서 관찰하면 아이의 진짜 속마음을 알 수 있다. 먼저 아이가 아프다고 하면 병원을 다녀오는 것이 좋다. 보통 긴장된 마음으로 생긴 두통이나 복통은 방과 후에는 사라졌다가 다음 날 아침이 되면 다시 재발하는 특성이 있다. 단, 이때 아이에게 "아직도 배가 아파?" 하고 묻지 않는다. 이 질문을 통해 잠시 잊고 있었던 긴장감이 다시 살아날 수도 있기 때문이다. 자연스러운 상태에서 아이가 아무런 아픔을 표현하지 않는다면 아이가 했던 말들은 다른 메시지가 담긴 것일 수 있다. 아프다는 말은 학교 가기가 긴장된다는 다른 표현일 수도 있는 것이다. 아이의 말에 담긴 진짜 의미를 알았다면 다른 대응이 필요하다. 평소보다 더 따뜻한 마음으로 아이를 안고 다독여주거나 좀 더 아이와 눈을 마주치고 대화하는 시간을 늘려서 세상으로 나아갈 용기를 심어주도록 하자.

3. 뭐든지 느린 우리 아이, 왜 그런 걸까요?

1) 아이들의 시간은 모두 달라요

짧은 등교 시간 안에서도 아이들의 등교 순서는 엎치락뒤치락한다. 어른들의 입장에서는 하나도 어려운 것이 없는 일이지만 아이들의 눈으로 보면 등교하면서 신발을 갈아 신는 일도 그리 만만하지만은 않다. 하지만 걸리는 시간이 조금 다를 뿐 모두 결국엔 스스로의 힘으로 해낸다. 그리고 아침마다 이 일이 반복될수록 느렸던 아이들의 시간도 조금씩 빨라지게 된다.

아이들마다 배우는 데 걸리는 시간은 모두 다르다. 그것은 지능의 차이도 아니고, 발달의 문제도 아니다. 속도는 같을 수 없지만 결국엔 모두 목표 지점에 도달한다. 각기 다른 아이들의 시간을 존중해주지 않고 재촉한다면 아이는 목표로 가기도 전에 생각하고 배우는 것 자체에 흥미를 잃어버리고 만다. 때로는 응원하며 기다려주는 것이 아이들의 배움에 무엇보다 효과적인 가르침이 된다는 것을 기억하자.

2> 아이의 느린 행동은 이런 이유가 있어요

아이의 느린 행동은 두 가지로 나누어볼 수 있다.

첫째는 익숙하지 않아서 느린 경우이다. 예를 들어 실내화를 갈아 신는 일이나 옷걸이에 외투를 거는 일과 같은 것들은 혼자 많이 해봐서 익숙한 아이들과 부모의 도움을 많이 받아서 해결했던 아이들 사이에 많은 차이가 난다. 따라서 아이가 집에서도 스스로 할 수 있도록 가르쳐주고 그 일을 하지 않은 것에 대한 책임도 아이 스스로 질 수 있도록 하는 것이 중요하다. 익숙하지 않아서 느린 일들은 자꾸 반복해서 해볼 기회가 많아지면 자연스럽게 해결이 되는 문제이다.

둘째는 원리를 깨우치는 데 오랜 시간이 걸려 느린 경우이다. 이런 상황에서는 아이를 지켜보며 잠시 기다려주는 것이 필요하다. 그러다보면 아이가 어떤 부분에서 고민하고 있는지가 보인다. 부모는 아이를 유심히 지켜보고 어려운 부분에 대한 도움닫기 역할만 해주면 된다. 시간이 걸리는 일이지만 어느 순간 아이는 자신의 힘으로 쑥쑥 뻗어나가게 될 것이다.

6
선생님이 필요해요

　제일 먼저 교실에 도착해서 가장 마지막까지 교실을 지키는 우리 선생님. 엄마가 없는 학교에서 1학년 2반 학생들이 유일하게 의지할 수 있고 기댈 수 있는 사람이자 보호자가 선생님이다. 선생님은 아침에 가장 먼저 교실에 와서 아이들을 맞아주고 쉬는 시간에도 정신없이 아이들을 챙기느라 바쁘다. 아이들이 집에 가는 하교 시간, 아이들 한 명 한 명을 안아주는 선생님. 아침부터 학교 끝날 때까지 선생님의 하루는 어떻게 이루어질까?

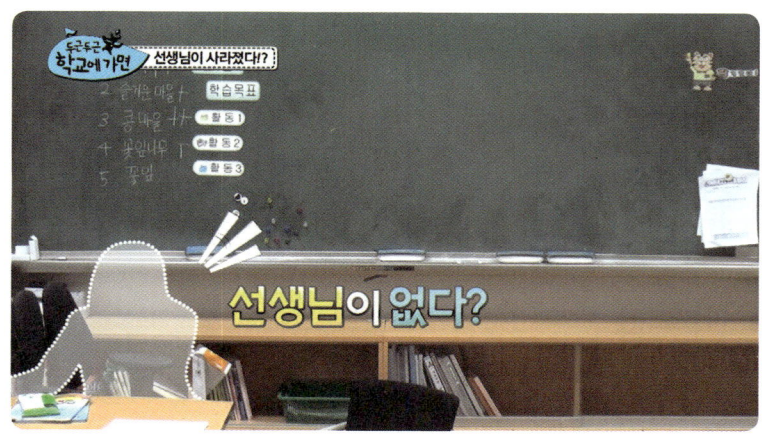

선생님의 숨 가쁜 하루

가장 먼저 교실에 들어온 선생님. 등교하면서 아이들은 인사로 "사랑합니다"를 선생님에게 말하며 교실로 들어온다. 일주일간의 피로가 쌓여가는 금요일 아침. 선생님은 바쁜 일과로 누적된 피곤함이 스치는 표정이다.

몸이 안 좋은 선생님이 아침 등교 시간에 잠시 자리를 비웠다. 아이들이 한 명씩 등교하며 가장 먼저 시선이 머무른 곳은 비어 있는 선생님의 자리. 선생님은 어디 간 걸까? 선생님이 없는 교실의 분위기는 엄마 없는 집 같은 쓸쓸함이 가득하다. 선생님의 부재에 아이들은 안절부절못하고 이때 민혁이가 선생님을 찾아나섰다. 민혁이의 행동 개시로 순식간에 삼삼오오 선생님을 찾아떠나는 탐험대가 조직되었다. 그런데 아무리 찾아도 선생님은 보이지 않는다. 이를 어쩌지? 아이들의 표정이

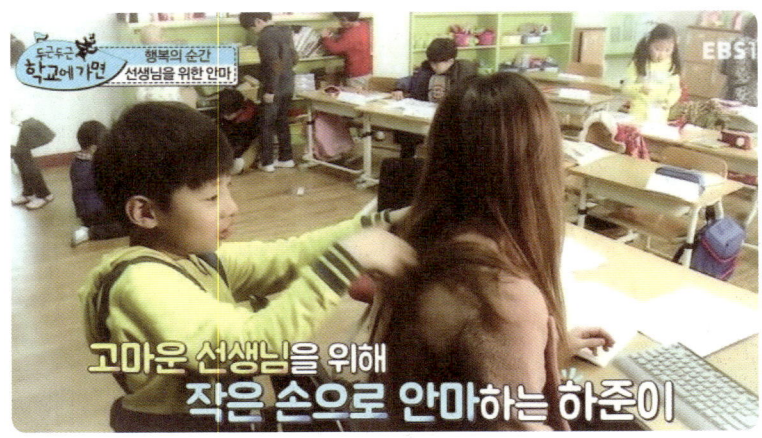

점점 어두워졌다.

터덜터덜 교실로 돌아오자 애타게 찾던 선생님이 앉아 있다! 선생님을 보자 안정을 되찾은 윤수와 민혁이의 표정이 금세 느긋해졌다. 학교에서 선생님의 존재는 이토록 큰 것일까?

하준이가 슬며시 선생님에게 다가간다. "선생님 안마해 드릴게요" 라며 선생님의 어깨를 토닥토닥 두드리며 안마를 해주는 하준이. 하준이의 따뜻한 손길에 선생님도 웃고 하준이도 웃고 교실 전체에 웃음이 번져나간다.

선생님의 하루는 너무 바빠요

수업 시간보다 더 바쁜, 쉴 틈 없는 선생님의 쉬는 시간. 선생님의 가

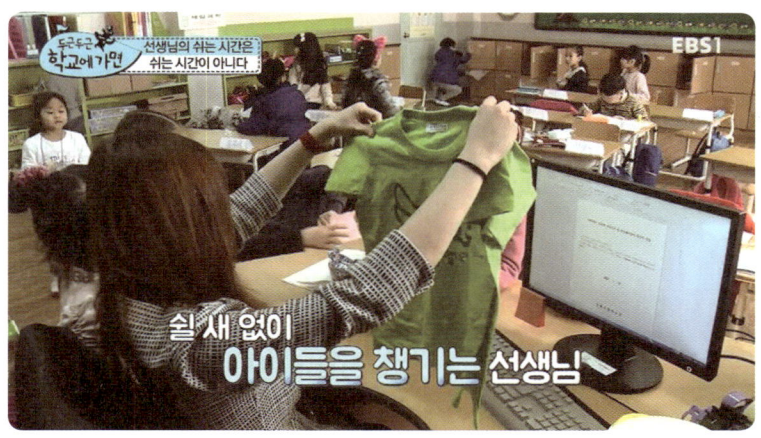

장 힘든 시간은 쉬는 시간이다.

선생님을 애타게 부르는 아이들, 사소한 것 하나하나 수시로 던져지는 질문들. 끊임없이 쏟아지는 이야기. 몸이 열 개라도 부족한 선생님의 쉬는 시간 풍경이다. 선생님이 가는 곳마다 따라다니는 아이들로 인해 선생님 가는 길은 그대로 아이들의 길이 된다. 폭풍 질문에도 엄마의 마음으로 대답해주고 우유를 먹는 시간에도 선생님의 시간은 풀가동이다. 우유팩도 열어주고 흘린 우유도 닦아주는 등 선생님은 하나부터 열까지 아이들의 모든 것을 도와주며 아이들의 마음에 든든하게 자리한다.

수업이 끝나고, 선생님이 주말 잘 보내라는 인사를 하자 우루루 아이들이 선생님에게 달려간다. "주말 잘 보내고 오세요!" 한 명 한 명 품에 꼭 안아주고 인사를 건네는 선생님에게 아이들도 웃음으로 인사를 한다. 학교에 왔을 때와 끝마치고 집으로 돌아갈 때, 선생님은 아이들과의 인사에 더더욱 신경을 쓴다. 인사는 학교에서도 꼭 배워야 할 예절의 기본이기 때문이다. 인사가 습관으로 형성되지 않으면 훗날 상황에 맞는 인사를 하기 어려워한다거나 관계의 시작에서 그릇된 인상을 주기도 한다. 그래서 웃는 얼굴로 인사하는 아이들이 더욱 사랑스럽다.

텅 빈 교실, 선생님의 하루는 아이들의 손때가 묻은 책상과 의자를 정리하면서 끝이 난다.

1. 선생님 말이 절대적인 아이, 어떻게 할까요?

1〉 1학년에게는 선생님의 의미가 남달라요

여덟 살 아이들에게 선생님의 말씀은 곧 법이요 진리다. 어떻게 보면 선생님의 말씀을 잘 듣는 것이니 기특한 일이지만 부모 노릇을 하다보면 꼭 그렇지만도 않은 것이 현실이다. 늦은 밤 녹초가 되어 들어온 엄마에게 아이는 갑자기 일기장을 사야 한다고 말한다. 이 시기의 아이들은 사고의 융통성이 아직 발달하지 못한 상태다. 아이는 선생님 말 그대로 하지 않으면 큰일이 날 것 같기만 하고 다른 방법이 있다는 것 자체가 이해가 되지 않는다.

아이의 기질이나 발달 단계에 따라 이런 상황에서 융통성을 발휘하는 아이도 있다. 아이가 선생님의 말대로 해야 한다고 고집을 피울 때는 그 상황을 아이의 융통성 있는 사고를 키워줄 수 있는 교육의 기회로 활용하면 좋다. 예를 들어 "오늘만 다른 공책에 일기를 써 가자. 대신 엄마가 선생님에게 왜 그랬는지 말씀드릴게" 라면서 아이를 설득해본다.

아이도 걱정하던 일이 아무 일 없이 잘 넘어가는 경험을 몇 번 하다보면 조금씩 유연한 사고를 하는 법을 배울 수 있게 된다.

2. 선생님과 의사소통하는 방법

1〉선생님에게 어떻게 말을 하면 좋을까?

 문제가 생길 때마다 전화를 할 수도 없고 아이가 학교에 가서 말을 정확히 전할지도 의문이다. 이런 고민을 하는 부모를 위한 가장 효과적이면서 선생님에게 결례가 되지 않은 의사소통 방법을 알아보자.

 첫째, 이른 아침과 늦은 밤, 그리고 학교에서 수업을 하는 시간은 피해서 전화를 한다. 보통 아이들 수업이 끝난 후부터 퇴근하기 전까지의 오후 시간이 전화를 받기에 가장 용이하다. 이 시간에 전화를 드렸는데도 회의나 연수 등으로 전화를 못 받는 경우도 있다. 그럴 때는 간단하게 문자메시지를 남겨두면 좋다.

 둘째, 간단한 일들은 전화 통화보다는 문자메시지나 알림장을 활용한다. 예를 들어 아침에 병원에 들렀다가 조금 늦게 보내겠다든가, 일기장을 미처 준비하지 못해서 일반 공책에 일기를 썼다는 등의 내용은 문자나 아이의 알림장에 포스트잇으로 간단하게 메모하여 붙여서 보내는 방법이 좋다. 그리고 문자를 보낼 때는 반드시 누구 부모인지를 밝히는 것이 좋다.

 셋째, 긴 상담이 필요한 경우에는 미리 문자메시지로 상담이 가능한 시간을 물어보고 약속을 정한다. 그러면 선생님과 서로 여유 있는 시간에 통화를 하거나 미팅이 가능할 수 있게 되므로 아이에 대하여 더 깊이 있는 상담을 할 수 있다.

2> 첫 상담에서는 어떤 이야기를 해야 하나요?

담임 선생님에게 상담을 하러 갈 때는 평소 궁금했던 점이나 아이에 대해 꼭 알려주고 싶은 내용을 메모지에 어느 정도 정리해가는 것이 좋다. 첫 상담은 아이의 인상에 영향을 주기도 하므로 걱정스러운 마음에 아이의 부정적인 면을 지나치게 강조하기보다는 아이의 긍정적인 면을 전달하는 것이 좋다. 지금 아이가 할 수 있는 것과 못하는 것에 대해 먼저 인지시켜드리는 것은 선생님에게도 도움이 된다.

서천석 박사의
토닥토닥 공감 한마디

*

1학년의 3월은 무척 중요하고 긴장되는 시기입니다.
새로운 학교에 가고, 새 친구도 만나고, 새로운 선생님에게도 적응해야 합니다.

아이가 초등학교에 입학할 무렵이면 부모는 불안합니다.
여기저기서 들려오는 소리는 모두 부모를 불안하게 만드는 이야기입니다.
내 아이가 뒤처지고 있는 것은 아닌지 걱정이고, 잘 적응하지 못하면 어쩌지 염려합니다.
한 반에 스물에서 서른, 모여 있는 아이들을 보다 보면 부모는 자연스럽게 비교하게 됩니다.
어린이집과 유치원과는 달리 각자 책상에 앉아 칠판을 향하는 아이들을 보면 이제 어떤 끝없는 경쟁이 시작된 것은 아닌가 싶습니다.

그런데, 아이들은 아직 정돈되지 않은 시기입니다.

비교하기에는 이른 시기죠.
아이들마다 성장 속도가 다르고 저마다 타고난 재능이 다릅니다.
먼저 크는 아이, 나중에 크는 아이가 있고 장점도 단점도 제각각입니다.
어차피 아이들도 스스로를 비교하고, 우리 사회도 아이들을 비교해 줄 세웁니다.
부모가 미리 그런 비교를 할 필요가 없습니다.
부모가 줄 수 있는 사랑은 비교하지 않고 내 아이에 집중하는 마음입니다.
남들은 네가 얼마나 비교우위에 있는지를 보지만,
나는 네가 오늘을 얼마나 즐겁게 살고, 그 결과 어제보다 얼마나 더 성장했는지에 관심이 있음을 아이가 느끼게 해줘야 합니다.
다른 아이를 보지 마세요.
오직 내 아이를 보는 것입니다.
남들의 기준에 아이를 맞추지 말고, 아이에게 자기 기준을 만들어주세요.

*
아이들이 초등학교에 입학하면 해야 할 것이 많습니다.
가장 기본적인 제시간에 맞춰서 학교에 가는 것도 큰일이지요.
아이들 입장에서는 등교 시간에 맞춰 학교에 가는 것도 쉽지 않습니다.

1학년 아이들은 의외로 못하는 게 많습니다.

부모에겐 너무 쉬워 보이는 숫자 가르기, 모으기도 어려워하고요.

신발 끈을 묶고, 배낭이 흘러내리지 않게 메는 것도 어려워합니다.

수업 시간 40분 동안 교사에게 집중한다는 것은 정말 어렵습니다.

하지만 딱 일 년만 지나도 아이들은 정말 많이 달라집니다.

처음에는 서투른 일이지만 시간이 가면 자연스럽게 할 수 있습니다.

아이에게 시간을 주세요.

스스로 자랄 수 있도록 기다려주세요.

스스로 자랐다고 생각하는 아이가 자신을 존중합니다.

*

아이들 입장에서는 무엇이든지 처음 하는 것이고 이제부터 다 배워가야 합니다.

당연히 알 것이라 생각하는 것도 모르는 것이 많습니다.

부모들은 그런 아이를 보고 놀라지만 실은 부모 역시 그 나이엔 그랬습니다.

이제 좀 나이를 먹었다고 그 시절을 다 잊었을 뿐이지요.

배울 것이 하나 둘이 아니기에 아이들의 배움은 쉽지 않습니다.

사실 쉽다면 배울 필요도 없고, 어렵기 때문에 배울 가치가 있는 것이죠.

아이들은 뭔가를 배우기 위해 학교에 갑니다.

모르는 것, 어려워하는 것은 당연합니다.
거기에 필요한 것은 부모님의 격려입니다.
'우리 아이는 왜 못하지? 다른 애들은 하는 것 같은데' 하면서
아이를 걱정의 눈으로 보지 마세요.
그런 부모 앞에서 아이의 두려움은 늘어납니다.

초등1 학년, 뭐든 시작의 시간. 우리도 시작을 해보았잖아요.
첫 걸음의 순간 가장 필요한 것은 격려와 응원입니다.

*

분명 말했던 내용인데도 아이는 또 실수하고, 잘하지 못합니다.
그럴 때면 주의 깊게 듣지 않았다는 생각에 화가 납니다.
하지만 아이의 머릿속을 들여다보면 이유가 있습니다.
우리 뇌의 신경세포가 서로 연결되려면 반복적인 자극이 필요합니다.
자극이 수 차례, 때로는 수십 차례 반복되어야 신경세포 두 개가 연결이 됩니다.
신경세포 여러 개가 연결되어야 기억이 만들어지고
그때서야 예전에는 못하던 동작, 새로운 행동을 할 수 있습니다.
그러기 위해서 아이들에겐 반복이 필요하고

긍정적인 분위기에서 신경세포들이 활발하게 연결되도록 해야 합니다.

아직 1학년입니다.
아이들에겐 더 많은 반복이 필요합니다.
반복을 통해 아이의 두뇌는 성장할 것입니다.
한 번, 또 한 번, 다시 또 한 번, 웃으며 이야기해주세요.
물론 인내심이 필요한 일이죠. 그러기에 부모가 힘든 자리입니다.

*

1학년은 그저 1학년입니다. 시작하는 시간이죠.
완성된 모습으로 다른 사람에게 보여줄 필요가 없어요.
앞으로 학교에 다닐 시간, 무언가를 배울 시간,
좋은 방향으로 변화할 시간은 너무나 많이 남아 있습니다.
그런 아이에게 무엇이 부족하다고, 무엇이 나쁘다고
다그치며 말할 필요는 없습니다.
1학년 아이들은 긴장해 있습니다.
새로운 시작을 하며 새로운 선생님, 새로운 친구들을 만나거든요.
어색해서 다가가기 두려워하는 경우가 많죠.
그런 아이의 긴장을 풀어주세요.

아이의 장점을 발견해 칭찬해주세요.

자신감이 올라가고, 불안이 줄어들 거예요.

아이의 눈빛이 빛나며 더 힘차게 출발할 수 있을 것입니다.

Part 2

두근두근
본격 학교생활

학교로 가는 아이의 발걸음이 점점 가벼워집니다.
간신히 골인했던 등교 시간도 조금씩 빨라졌습니다.
알림장도 빼먹지 않고 준비물도 잘 챙겨갑니다.
제법 친구들의 이름을 외우고
수업 시간과 쉬는 시간에 무얼 해야 할지
세상의 규칙들을 하나하나 배워가고 있습니다.

3월의 적응 기간이 끝나고 나면
아이의 학교생활에서는 어떤 일이 펼쳐질까요?

준비물을 놓고 가면
아이가 허둥지둥 당황하지는 않을지
예상치 못하게 학교에서 일어나는 갑작스러운 문제 상황들은
어떻게 해결할지 궁금합니다.

이것저것 음식을 가리는 아이가 점심 시간에는 밥을 잘 먹을지
웃을 때마다 듬성듬성 보이는 치아들은 잘 닦기나 할런지
엄마는 마음을 다해 우리 아이의 교실을 찾아갑니다.

1
우리들의 쉬는 시간 – 실내 놀이

'쉬는 시간에 아이가 친구들과 잘 어울릴 수 있을까?'
'수업 시간과 쉬는 시간을 잘 지킬 수 있을까?'
'아이들은 어떻게 함께 놀 친구를 찾을까?'

 자녀를 학교에 보낸 부모라면 궁금증과 걱정이 동시에 들 것이다. 집에서는 엄마가 놀이 시간을 만들어줄 수 있지만 학교에서는 아이들 스스로 놀이 시간을 다 꾸려나가야 한다. 쉬는 시간을 잘 보내려면 놀이의 주제도 정하고 친구들과 어울리면서 기다릴 줄도 알고 양보하면서 즐겁게 놀이하는 시간을 만들어가야 하는데 1학년들이 스스로 이 모든 걸 해낼 수 있을까?

놀이 신공, 소은이의 상상력

2교시 후 쉬는 시간이 시작되고 아이들이 삼삼오오 모여 놀기 시작한다. 이때 소은이가 장난감을 가지러 가는데 블록놀이를 하던 누리와 연진이가 소은이의 모습에 눈길을 보낸다. '아, 재밌어 보이네!' 호기심을 보이던 누리와 연진이도 소은이의 놀이에 전격 합류하기로 결정했다.

소은　　　넌 죽을 만들어.
　　　　　난 밥 만들래, 넌 뭐 할 거야?

계란을 푸는 손짓을 하던 소은이가 친구들에게 말을 걸면서 계란 풀 듯 손을 휘적휘적한다. 능숙한 손놀림이 여간 솜씨가 아니다. 그릇을 착착 모으면서 접시를 닦으면서 숟가락으로 설거지까지 한다.

소은　　　　난 지금 초콜릿을 만드는 거야. 여기 초콜릿을 넣었어. 초콜릿 밥!

누리와 연진이도 소꿉놀이를 주도하는 소은이와 함께 요리하는 시늉을 한다. 멜론 장난감을 들어 그릇에 멜론을 넣고 휘젓는 소은이. 소은이가 생각한 놀이는 바로 가게놀이! 맛집에서 선보일 요리로 버섯과 꽃게 장난감으로 메뉴를 구성해 진수성찬을 차려낸다. 서진이도 가게놀이에 동참하여 새로운 메뉴 개발에 돌입하였다. 요리하는 모습이 재밌어 보이는지 민혁이가 다가왔다. 드디어 첫 손님을 맞이하는 것일까?

민혁　　　　나 먹을게.
소은　　　　안 돼, 먹으면 안 돼.

퇴짜 맞은 민혁이가 생선 장난감을 들고 먹는 시늉을 한다. 민혁이를 본 소은이가 생선 장난감을 들고 신선도를 체크하고 비늘을 떼어내는 흉내를 내는데 여덟 살 나이가 무색한 생선포 뜨기 실력이다. 소은이는 매의 눈으로 썩은 생선을 골라내고 날렵하게 생선 다듬기를 마무리한다. 소은이의 생선 다듬기 신공에 아이들이 우루루 모여들었다. 멈추지 않는 소은이의 요리 혼. 드디어 멜론버섯 초콜릿 밥과 게와 과일 샐러드가 준비되었다. 완벽한 한상차림! 아이들의 놀라운 상상력의 세계가 펼쳐진 순간이다.

의자놀이로 우주 가자!

1학년 2반 아이들의 핫아이템이 된 의자놀이. 의자를 가지고 아이들이 얼마나 재미있고 창의적으로 노는지 지켜볼 수 있는 기회다. 교실 뒤편에서 의자에 앉아서 노는 시연이와 누리, 봄이. 어느 순간 의자는 밀었다 끌었다 하는 재밌는 아이들의 놀이 기구가 되었다. 의자를 타는 누리와 밀어주는 시연이를 보니 소은이도 같이 껴서 놀고 싶은지 슬쩍 말을 건넨다.

소은	나도 하고 싶다. 나도 기다려?
봄	예약해야 돼.
소은	나 예약한다.

　소은이가 얼른 자기 자리로 가서 필통을 가져온다. 무얼 하는 것일까? 필통으로 전화를 걸기 위해서였다. 따르르르르르릉. 소은이가 전화를 걸고 봄이가 전화를 받았다. 하지만 의자놀이 1차 예약 실패! 그에 굴하지 않고 소은이는 자신만의 의자놀이에 빠져들었다.

　　소은　　　　여기 지하철인데 빨리 오세요.

　의자를 타고 놀이를 만끽하는 소은이와 어느새 다가와 소은이를 밀어주는 시연이. 시연이는 의자를 힘껏 밀어주고 소은이는 의자를 타며 신나게 전화놀이를 추가한다. 해나는 어느새 승무원이 되어 의자놀이의 안전한 탑승을 위한 발권 업무에 열심이다. 의자놀이를 즐기던 몇몇 아이들로 인해 어느새 1학년 2반에서 의자놀이는 선풍적인 인기를 끌게

되었다. 인기 현장의 한복판에서 의자를 타는 봄이와 의자를 밀어주는 시연이, 수빈이가 힘차게 출발을 외친다.

수빈   그래, 이건 레일바이크요, 내가 사장이요.
         엄청 빨리 가시오!

이제는 같은 의자로 로켓놀이를 하는 아이들.

수빈   우주로 보낼 거야. 10,9,8,7,6,5,4,3,2,1 땡!

의자 하나가 레일바이크가 됐다가 기차가 됐다가 로켓이 됐다가 변화무쌍하게 펼쳐진다. 의자 하나를 가지고도 일상생활에서 보았던 것을 모두 반영하여 상상력을 동원하는 아이들. 상상력 하나로 아이들은 교실을 자신들의 신나는 세상으로 만들었다. 그 안에서 아이들은 자기들끼리 규칙을 정하고 그 규칙을 지키면서 조화를 이루어나갔다. 아이들은 서로 챙기고 재미있게 놀 줄 아는 법을 통해 세상의 규칙을 터득해나가고 있다.

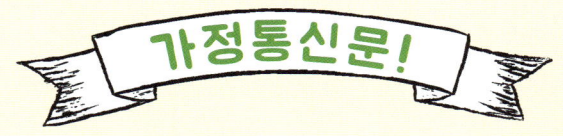

1. 아이와 잘 놀아주는 부모가 되고 싶어요

아이와 놀아주다보면 어느 순간 처음의 좋은 의도와는 달리 갈등이 생기거나 토라지는 일이 종종 발생하곤 한다. 여덟 살 아이와 노는 일은 어른들의 놀이와는 다르기 때문에 그들만의 놀이 방식을 이해해야 잘 놀아줄 수 있다.

1> 놀이는 시작이 중요해요

소은이는 절대 남들이 하는 놀이를 따라하지 않고 어떤 상황에서든 자신만의 놀이로 재창조해냈다.

집에서 아이와 놀아주고 싶은데 방법을 모른다면 소은이의 방법을 따라해보자. 일단 아이가 흥미 있어할 만한 놀잇감을 펼쳐놓고 놀이를 시작한다. 이때 주의할 점은 너무 많은 말을 하기보다는 일단 행동을 먼저 시작한다. 그러면서 자연스럽게 아이에게 역할을 던져주는 것이다. 예를 들면 "내가 달걀을 풀 테니 넌 파를 좀 썰어줄래?"라고 하며 도마를 슬쩍 밀어주는 식이다. 1학년 2반 아이들을 보면 아이들이 놀이를 시작할 때, 정식적인 합류보다 슬쩍 끼어드는 방식으로 시작한다는 것을 알 수 있다. 굳이 먼저 "같이 놀래?"라고 말하지 않아도, 옆에 앉아서 도마를 잡으면 자연스럽게 소꿉놀이가 시작되는 것이다.

아이들의 놀이에 부모가 함께 참여하고 싶다면 바로 이렇게 시작하면 된다. "아빠도 좀 끼워줄래?"라는 말로 시작하지 말고, 슬쩍 옆에 앉아 잠시 아이들의 놀이를 지켜보다가 그냥 어느 순간 자연스럽게 끼어드는 것이다. 놀이의 시작점을 자연스럽게 포착하여 흐름을 깨지 않는 것이 아이들과 잘 노는 중요한 핵심 기술이다.

이 핵심 기술을 다양하게 응용하는 것은 어떨까? 말로 설명하는 것보다 부모가 먼저 시범을 보이는 것이 더 효과적이다. 일단 아이의 손을 잡고서 놀고 있는 친구들 옆에 슬쩍 같이 가서 잠시 놀이를 지켜본다. 그러다 적절한 타이밍에 자연스럽게 함께 놀이를 할 수 있도록 엮어주는 것이다. 그러다 부모는 다시 적절한 타이밍에 자연스럽게 빠져나오는 식으로 형제자매나 친구들과의 놀이를 도와줄 수 있다.

2〉 놀이를 주도하지 않는 아이도 괜찮아요

아이들의 놀이 방식은 기질에 따라 놀이 주도형과 수동형으로 나누어진다. 소은이는 놀이를 이끄는 주도형이지만, 반면 놀이를 따라가는 것을 더 편안해하는 수동형의 아이들도 있다. 우리 아이가 놀이 주도형인지 수동형인지 살펴보고 아이와의 놀이 방식을 정하는 것이 중요하다. 주도형 아이라면 부모는 아이가 펼쳐놓은 놀이 세상에 잘 따라가주면 그만이다. 하지만 수동형 아이라면 부모가 먼저 놀이 시작을 이끄는 것이 필요하다.

여덟 살 아이들은 놀이 수동형이 훨씬 더 많다. 아직 노는 방식을 잘 몰라서이기도 하고 인지적인 면에서도 성장발달 중이기 때문이다. 이런 아이들 중에는 자연스럽게 성장하면서 달라지는 경우도 많다. 우리 아이가 놀이 수동형이라고 해서 소심하거나 친구 관계에 문제가 있는 것은 아닌지 걱정하기에는 여덟 살의 나이를 생각할 때 아직 이르다. 놀이를 주도하지 않더라도 놀이에 슬쩍 낄 줄 알고, 큰 갈등 없이 친구들과 놀이를 이끌어갈 수 있다면 친구 관계의 중요한 기술은 이미 알고 있는 것이다.

2. 아이들의 놀이는 어떤 특성이 있을까요?

1〉 '몸으로 노는 것'이 재미있어요

소은이는 몸으로 노는 것을 즐기는 편이다. 놀이를 주도하지만 친구들과의 상호작용보다는 열심히 달걀을 푼다거나 생선을 손질하는 등 반복적인 '신체 활동'에 더 집중한다. 옆에 함께 있었던 연진이도 비슷한 경우다. 서로 주고받는 상호작용이 많지 않아도 재미있게 함께 소꿉놀이를 하는 것이다.

2〉 다른 사람과의 '상호작용'이 재미있어요

소은이와 함께 요리놀이를 하던 서진이는 몸으로 노는 것보다는 어떤 상황을 설정하고 그 속에서 친구와 말로 '상호작용'하는 것을 더 재미있어하는 유형이다.

　의자놀이를 할 때도 두 유형의 차이는 확연히 구별된다. 소은이가 의자놀이 예약을 할 때 전화를 걸기는 했지만, 그 대화가 단편적이고 상황이 길게 이어지지는 않는다. 대신 전화를 걸면서도 여기저기 돌아다니는 몸의 움직임은 멈추지 않았고 의자에 앉아서도 친구가 밀어주는 의자 위에서의 움직임을 더 즐겼다.

　반면 해나의 의자놀이는 달랐다. 교실 여기저기를 돌아다니던 소은이와 달리 해나는 친구와 구체적인 상황을 설정하고 노는 것을 볼 수 있었다. 안전벨트를 매고 예약증을 만드는 등 끊임없이 디테일한 상황들을 만들어낸 것이다. 해나에게는 의자의 움직임보다는 의자를 활용한 친구와의 '상호작용'이 더 즐거운 놀이인 것이다.

　의자놀이를 할 때 꽤 긴 시간 놀이가 이어졌고 교실 여기저기를 돌아다녔음에도 불구하고 시연이는 끝까지 소은이를 밀어주었다. 아이들의 표정을 보면 알 수 있듯이 소은이도 시연이도 그 상황을 진정으로 즐기고 있었다. 똑같은 여덟 살 아이들이지만 가만히 살펴보면 모두 제각각 자신들만의 스타일로 놀이를 즐기고 있다.

2
우리들의 쉬는 시간 – 바깥 놀이

아이들에게 '쉬는 시간'은 내가 원하는 것을 할 수 있는 자유의 시간이고, 새로운 친구 관계와 놀이를 만드는 창조의 시간이다. 아이들의 기질이나 환경에 따라 무리를 짓는 데에 걸리는 시간은 다르지만, 일단 아이들이 모이면 놀이는 이내 시작된다. 바깥에서 펼쳐지는 아이들의 쉬는 시간, 몸으로 마음으로 일구어가는 초등1학년의 무한한 상상력과 창의력이 궁금하다.

무엇이든 놀잇감!

운동장에서 꼬챙이를 발견한 아이들은 한 손에는 꼬챙이를 들고, 발

로는 꼬챙이를 차며 '꼬챙이 축구'를 한다. 꼬챙이로 바닥에 선을 그으며 운동장 한쪽으로 달려간 아이들은 흙더미 위로 올라가 구덩이를 파기 시작한다. 금쪽같은 쉬는 시간에 아이들이 꼬챙이로 흙을 쑤셔도 보고, 손으로 구멍을 파기도 하고, 발로 흙을 밀어보기도 하는 이유는 '100원' 때문이었다. 누군가 그 자리에서 흙을 파다가 100원을 찾은 적이 있다는 친구들의 이야기를 듣고, 아이들은 '100원 찾기' 삼매경에 빠졌다.

민범   그거 알아? 애들이 이쪽 파다가 100원 찾았대.
윤수   수업 들어가려면 17분 남았어.

슬쩍 시계를 들여다보고 시간을 확인한 윤수가 시간을 재가며 100원을 찾는다. 덩달아 민범이도 땅파기에 열심이다. 그러다가 불쑥 윤수가 민범이가 파놓은 구덩이에 흙을 던져넣기도 한다. 땅파기에 열중하던 아이들이 시계를 다시 보고 급한 마음에 급기야 민범이는 나뭇가지까지 동원해 바닥을 파기 시작한다.

윤수　　　　진짜 돈 있는 거 맞아?
민범　　　　응, 맞아.

손목시계를 보며 계속 시간을 확인하던 윤수가 시간이 점점 흐르자 더욱 초조하게 시계를 들여다보았다. 10분 안에 파기는 힘들다며 1시간은 있어야 땅을 팔 수 있다고 합의를 본 아이들. 교실로 들어갈 시간은 째깍째깍 다가오고 있다던 돈은 나오지 않는다. 이때 민범이가 나뭇가지를 바닥에 내리꽂고 영역 표시를 하면서 외쳤다. "이제 들어가야 돼!" 드디어 교실에 들어갈 시간. 아이들은 놀이를 끝내고 들어가야 할 시간을 정확히 인지하고 교실로 뛰어들어갔다.

향수로 자라나는 씨앗

운동장에서 잣 모양의 돌멩이를 주운 아이들은 '씨앗 심기' 놀이를 한다. 운동장에 작은 구멍을 파고 잣 모양 돌멩이를 심은 다음, 씨앗이 잘 자라기를 바라는 마음을 담아 집에서 가져온 향수를 뿌려주었다. 집중해서 뿌리다보니 어느새 향수를 다 쓰고 말았다. 걱정하는 아이들에게

"엄마한테 안 혼나. 집에 향수 세 개나 더 있어. 괜찮아"라고 큰소리치는 건하. 아이들은 향수를 뿌리자마자 싹이 돋아났다며 즐거워했다. 돌멩이 두 개와 빈 우유곽 하나로도 아이들은 신나게 놀면서 자신들만의 놀이 공간을 만들었다. 쉬는 시간이 끝나기 전에 아이들은 우루루 교실로 달려가고 수돗가에는 덩그러니 우유곽만 남았다.

장 담그기에 푹 빠지다

윗 학년들의 '장 담그기'를 구경하러 갔던 명수는 호기심 가득한 눈으로 설명을 듣고 지켜보다가 어느새 직접 장 담그기에 빠져들었다.

선생님　　　자, 이렇게 부을 거야. 1학년도 해볼래?

명수 선생님, 저요. 제가 할래요!

　명수가 눈을 빛내며 직접 장을 담그겠다고 손을 번쩍 든다. 소금물을 붓고 집중해서 젓는 명수는 장 담그기에 흠뻑 빠진 모습이다. 계란이 소금물 위에 뜨면 장 담그기의 끝! 계란이 동동 떴다. 장 담그기를 더 하고 싶은 명수의 얼굴에 아쉬운 표정이 가득하다. 장 담그기가 끝나도 쉽사리 자리를 뜨지 못하는 명수에게는 물에 소금을 붓고, 커다란 주걱으로 소금물을 젓고, 다시 소금물을 항아리에 붓는 일까지의 장 담그기가 경험해보지 못한 신나는 세상이다. 명수는 쉬는 시간 내내 "저요!"를 외치며 장 담그기의 진짜 '명수'가 되었다.

　아직 초등학교 1학년 아이들은 시간 개념이 제각각이다. 시계를 보고 시간을 읽을 수 있는 아이도 있지만, 그렇지 못한 아이들도 있다. 하지만 공통점은 학교에서의 시간을 '수업 시간'과 '쉬는 시간'으로 구분할 줄 안다는 것이다. 그리고 학교에서의 '시간'이라는 규칙을 지키기 위해 노력한다.

　다음 수업에 늦을까 쉬는 시간 내내 시계를 확인하며 노는 아이들이 있는가 하면, 즐거운 놀이에 흠뻑 빠져 있다가도 수업 시간이 가까워지면 황급히 들어가는 아이들도 있다. 또 놀이에 너무 몰두한 나머지, 쉬는 시간이 끝난 줄도 모르고 있다가 헐레벌떡 교실로 달려가는 아이도 있다.

　'쉬는 시간'을 만끽하면서도 '수업 시간'은 꼭 지켜야 한다는 것을 아이들은 누구보다 잘 알고 있었다.

1. 아이가 다치지 않고 안전하게 뛰어놀게 하려면 어떻게 하면 좋을까요?

1〉 놀이 환경을 먼저 살펴봐주세요

칼, 총, 딱지, 카드, 팽이 등등 남자아이들은 집에서 가지고 놀던 것을 학교에 갖고 가서 친구들과 함께 놀고 싶다고 말한다. 하지만 학교에서는 장난감을 가지고 오는 것을 금지하는 경우가 많다. 안전사고와 친구와의 갈등 때문이다.

첫째, 안전사고의 문제를 살펴보면 플라스틱 총알이 나가는 총이나 칼 등 어떤 장난감들은 놀이에 대한 자제력이 아직 부족한 아이들에게 가끔 무서운 흉기로 변할 수도 있다. 둘째, 서로 좀 더 좋은 장난감을 가지고 가려는 경쟁이 생길 수도 있다. 이런 경쟁은 끝이 없기 마련이고, 부모에게 부담을 가중시키며 친구들과의 갈등 상황으로 이어지기도 한다.

가장 좋은 방법은 아이들이 놀이할 때 아예 그런 위험 요소를 차단하는 것이다. 다칠 것 같은 장난감은 아이의 손에서 제거하는 것이 좋다. 아이들이 노는 공간에 위험한 모서리, 뾰족한 물건 등이 있다면 그것을 치우거나 다른 장소에서 놀 수 있도록 해주어야 한다. 그래야 부모도 괜한 잔소리를 줄일 수 있고 아이들도 마음껏 뛰어놀 수 있다.

2〉 놀이에 집중하면 아무것도 보이지 않는 아이

명수는 장 담그기를 하다가 혼자 수업 시간에 늦고 만다. 분명 친구들이 쉬는 시간이 끝나서 돌아갈 때, 명수에게도 말을 했을 텐데 명수에게는 아무것도 들리거나 보이지 않았던 것이다. 놀이에 집중하고 있었기 때문이다. 이런 점은 여덟 살 아이들이 가진 큰 특징 중 하나이다. 자신이 좋아하는 놀이를 할 때만큼은 아무것도 안 보이고 아무것도 들리지 않는다. 이런 특성을 이해하고 아이를 대한다면 도움이 될 것이다.

2. 남자아이들의 놀이는 어떤 특성이 있을까요?

여덟 살 아이들은 아직 성별에 따른 놀이 방식이 크게 나뉘지는 않는 편이다. 그래도 세밀하게 살펴보면 조금 다른 특징들을 찾아 볼 수 있다. 대체적으로 남자아이들에게 많이 나타나는 특징을 중심으로 알아보자.

1〉 반복하는 활동이 재미있어요

정말 별것 아닌 것을 그저 반복하는 것만으로도 아이들에게는 재미있는 놀이가 된다. 100원짜리 동전을 찾기 위해 꼬챙이로 땅을 파던 아이들도 사실 목적이 동전에 있던 것은 아니다. 땅을 파는 그 행동 자체가 재미있었던 것이다. 땅을 파는 행동을 그저 반복하는 것뿐인데도, 아이들은 묘하게 이런 놀이에 매료되었다. 어른들의 시선에서는 가끔 이렇게 아무것도 아닌 행동을 반복만 하는 아이들이 이해하기 힘들 때가 있다. 그러나 어떤 놀이가 더 재미있는가는 '보는 사람'이 느끼는 것이 아니라 '하는 사람'이 느끼는 것이다.

2〉 놀이의 주도권을 잡고 싶어요

땅파기 놀이를 하던 윤수는 민범이가 파놓은 구멍에 자신의 흙을 넣어버린다. 장 담그기를 하던 명수는 선생님이 무슨 말만 하면 "저요! 제가 할래요."라고 말을 한다. 그것이 무슨 일인지, 자신이 잘할 수 있는지는 생각도 하지 않고 무조건 손부터 들고 보는 것이다.

아이들의 이 모든 행동은 바로 놀이의 '주도권'을 잡고 싶은 마음에서 비롯된 것이다. 아이들에게는 자신이 주도권을 가지고 이끄는 놀이가 훨씬 더 재미있기 때문이다. 모든 놀이는 자신이 주체가 되어 주도권을 잡고 놀 때 가장 재미있고 신이 나는 법이다. 아이들은 함께 놀면서 놀이의 주도권을 돌려가며 나누어 가질 줄도 안다. 친구와 함께 놀기 위해서는 놀이의 주도권을 서로 돌려가며 즐길 줄 알아야 한다는 것까지도 아이들은 이미 체득하고 있다.

3
문제가 생겼어요!

초등학교 1학년 교실에서는 하루에도 수많은 문제가 발생한다. 혼자 겪게 되는 어려움, 아이들 사이에서 일어나는 사건 등 많은 일들이 벌어진다. 바로 해결되는 경우도 있지만 끝까지 해답을 찾지 못하는 경우도 많다. 어른들의 눈에는 정말 사소해 보이지만 그 상황에 처해 있는 친구들은 예상치 못한 일이 닥치면 정말 큰일이라고 인식한다. 그만큼 세상에 대한 경험이 없기 때문이다. 하지만 걱정도 잠시, 아이들은 나름의 방법으로 해결책을 찾아가기 시작한다.

시간을 되돌릴 수 있다면

이른 아침, 선생님과 가벼운 대화를 하며 아침의 여유를 만끽하던 민범이가 문제가 생긴 듯 표정이 확 굳어버렸다.

민범   오 마이 갓 띠로리. 아, 어떡해!
       배드민턴 하는 날인데 배드민턴 채를 안 가져왔어요.

민범이가 체육 수업에 필요한 '배드민턴 채'를 가져오지 못한 것이다. 교실에 도착해서야 '배드민턴 채의 부재'를 알아차렸는데 시간을 되돌릴 수 있다면 얼마나 좋을까. 선생님이 달래줘도 이 절망감은 어쩔 수가 없다. 콧물이 훌쩍훌쩍 흐르고 마음은 어지럽기만 하다. 1교시, 2교시 수업이 진행되고 평소 체육을 좋아하는 민범이는 무거운 마음에 창문만 바라본다. 민범이의 마음을 아는지 모르는지 시간은 무심하게 흐르는데 형보가 교실로 뛰어올라와 엄마가 민범이를 찾는다고 알려주었다. 1층에서 민범이를 기다리는 엄마를 보자 환하게 웃으며 뛰어가는 민범이!

민범 엄마   민범아! 미안해. 엄마가 차에 채를 놔두고 안 줬네.
민범   엄마, 잘 가요.

배드민턴 채를 받고 다시 올라가는 민범이의 발걸음이 가볍다. 환한 미소로 교실로 들어가는 모습이 좀 전과는 180도 다르다.

친구와 고민 해결!

노래를 부르며 색칠 공부 하던 채윤이에게 문제가 생겼다. 선생님이 내준 색칠 숙제에는 연한 갈색으로 '곰'을 색칠하라 했지만 채윤이에겐 '연한 갈색' 색연필이 없는 것이다. "아, 어떡해!" 채윤이의 당황한 목소리에 주윤이가 한걸음에 달려왔다. 고민을 상담해주던 주윤이도 연한 갈색이 없는 건 마찬가지였다.

채윤   우리 연한 갈색 없지? 그냥 연주황색으로 진하게 칠하자. 그게 낫겠다.
주윤   찰흙 색깔엔 분명히 연한 갈색이 있을 텐데.

채윤   그걸 여기에 붙일까?
주윤   섞는 걸 이 찰흙으로 하지 말고 바꿔서 색연필로 하는 거야. 색연필끼리 섞으면 되잖아.

해결책을 찾고 채윤이와 주윤이가 마주 보고 웃는다. 아이들은 문제가 생겼을 때 친구에게 도움을 구하기도 하며 자신들만의 해결책을 찾아나선다.

잃어버린 시간을 찾아서

새로 산 시계를 자랑하고 싶었던 민범이가 민혁이에게 "지금 몇 시인지 알겠어?" 하고 물으면서 교실에 때 아닌 논쟁이 벌어졌다. 아이들은

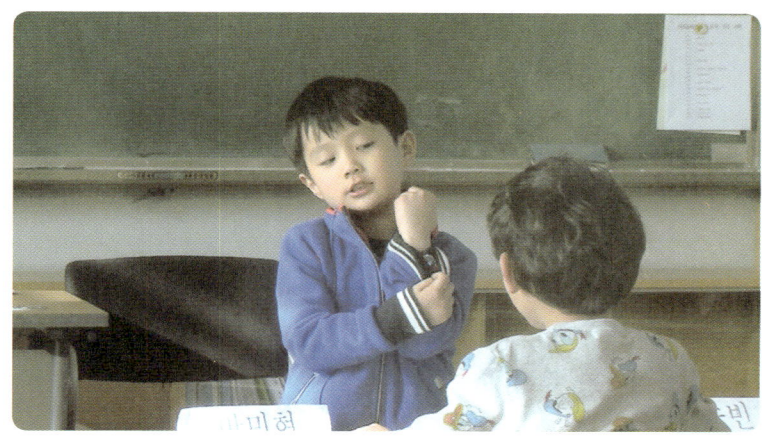

9시를 향해 가는 벽시계를 보고 어떤 아이는 8시, 어떤 아이는 9시라며 서로 다른 시간을 이야기한다. 서로 자기가 맞다며 얼굴까지 달아올랐다. 1학년 아이들은 아직 시계 보기가 익숙하지 않다. 시계 분침은 더더욱 헷갈릴 수밖에 없다.

민범   선생님 지금 9시 55분이죠?
선생님   8시 55분이지. 아직은 배우지 않아서 시계 보는 거 몰라도 돼요. 9시 되기 5분 전이에요.

시계 보는 법은 1학년 1학기가 지나고 2학기가 되어서야 배운다. 시간 개념이 아이들에게는 꽤 헷갈리는 것이라 복잡한 시간의 덧셈, 뺄셈 등은 수 개념이 자리 잡힌 초등학교 3학년이 되어야 등장한다. 당황했던 찰나 다시 자신감이 충전된 민범이가 민혁이에게 새로 산 시계를 보여주었다.

슬픈 민혁이의 해결책

이른 아침, 민혁이가 슬픈 표정으로 등교했다. 평소 씩씩하고 표정이 밝았던 민혁이가 오늘따라 기운 없는 모습에 선생님은 자초지종을 묻지만, 선생님 앞에 선 민혁이는 선뜻 말을 꺼내지 못한다. 민혁이의 망설임을 기다려주면서 선생님이 따뜻하게 손을 꼭 잡아주자, 한참을 망설이던 민혁이가 입을 뗐다.

선생님	왜 기운이 없어요? 어디 아파?
민혁	(도리도리)
선생님	그러면 엄마한테 혼났어?
민혁	수학 익힘 책이 젖었어요. 우유가 터졌어요.
선생님	그런 일 있을 때는 선생님한테 이야기해주면 돼요. 선생님이 민혁이를 왜 혼내겠어? 얼마나 젖었는지 볼까?

그제야 민혁이가 가방에서 수학 익힘 책을 꺼내는데 수학 익힘 책이 우유에 젖어서 쭈글쭈글하다. 우유를 마시지 않고 바로 가방에 집어넣었더니 이런 사태가 발생한 것이다. 선생님은 민혁이에게 왜 그렇게 됐

느지 이야기를 나누고는 새 책을 꺼내주었다. 선생님의 도움으로 문제를 해결한 민혁이. 가벼운 마음으로 새 책에 이름을 쓰기 시작한다.

학교에 가면 아이들에게는 다양한 돌발 상황이 발생하기 마련이다. 예상치 못한 크고 작은 일들을 해결하면서 아이들은 상황대처 능력과 문제해결 능력을 키우게 된다. 문제 상황을 맞닥뜨리면 아이가 당황하거나 긴장할 수 있다. 하지만 해결 방법을 찾아보고 시행착오를 거치면서 조금씩 스스로 해결해 나가는 방법을 터득할 수 있다. 선생님은 민혁이의 힘든 마음을 먼저 읽어주고 문제를 해결할 수 있도록 도와주었다. 이제 민혁이의 마음속에는 스스로 문제들을 해결할 수 있는 내면의 힘이 조금씩 커져가고 있을 것이다.

1. 아이의 문제해결력을 키워주려면 어떻게 해야 할까요?

1> '어떡하지?'의 긴 시간을 견뎌주세요

아이의 문제해결력을 길러주기 위해서는 때때로 기다려주는 인내심이 필요하다. 어른들의 입장에선 별것 아닌 것들도 아이들의 입장에서는 어렵고 힘든 문제인 경우가 많다. 하지만 그 문제들은 아이들에게 성숙의 기회이기도 하다. '어떡하지?' 하며 발을 동동 구르고 금방 울음을 터뜨릴 것 같은 표정으로 안절부절못하는 그 시간들이 바로 아이들에게는 소중한 성장의 시간인 셈이다. 물론 이를 지켜보는 부모의 마음은 안쓰럽기도 하고 그냥 두는 것이 매몰차다는 생각이 들 수도 있다. 하지만 진정으로 아이들의 세계를 이해하고 그들의 건강한 성장을 응원할 줄 아는 부모라면 아이들의 그 시간을 지켜줄 줄도 알아야 한다.

2> 문제해결력은 진정한 관심 속에 완성되는 것

'어떡하지?'의 순간들을 그냥 견디라는 말은 한 가지 오해의 소지가 있다. 아이들을 그냥 내버려두라는 뜻으로 받아들일 수도 있기 때문이다. 아이들의 '어떡하지?' 순간을 진정한 문제해결을 위한 시간으로 만들기 위해서는 부모가 해주어야 할 일이 한 가지 더 있다. 바로 '관심을 가지고 함께 있어주는 것'이다.

'어떡하지?'의 순간에 아이가 혼자 해결하게 내버려두는 것과 격려의 마음을 갖고 진정한 관심 속에 그 아이 옆에 함께 있어주는 것 사이에는 아주 큰 차이가 있다. 아이들은 바로 그 관심과 격려의 에너지를 받아 스스로 해결하는 힘을 기르게 된다. 혼자 어떤 문제를 스스로 해결하는 경험을 많이 쌓은 아이들일수록 다양한 문제 상황을 지혜롭게 해결하는 모습을 볼 수 있다.

2. 아이에게 문제 상황이 생겼을 때 어떻게 도와주면 좋을까요?

1〉 아이의 행동에 따라 해결법이 달라요

민혁이는 우유가 터져서 책이 젖은 것을 언제 알았을까? 전날부터 그 사실을 알고는 밤새 걱정과 고민을 끌어안고 있었을지도 모른다. 어찌 되었건 민혁이는 그 커다란 고민을 혼자서 끌어안고, 학교에 와서도 좀처럼 쉽게 말을 꺼내지 못했다. 물론 모든 아이가 이런 상황에서 민혁이처럼 행동하는 것은 아니다. 아이들에 따라 문제 상황에서 반응하는 방법은 다양하기 때문이다. 아이들의 반응이 다른 원인은 여러 가지가 있겠지만 크게 두 가지로 나누어 볼 수 있다. 첫째, 아이의 기질에 따라 다르다. 둘째, 과거 비슷한 일이 있었을 때 부모의 반응에 따라 다르게 나타날 수 있다. 아이들의 반응이 다른 만큼 도와주는 방법도 달라야 한다. 유형별로 살펴보자.

1. 울음을 터뜨리며 엄마를 찾는 아이

자신이 처한 상황에서 달아나버리고 싶은 마음이 크게 작용한 결과이다. 안쓰러운 마음에 부모가 문제를 해결해주면 다음에도 이런 일이 반복될 수 있다. 이럴 때는 어느 정도 자신의 행동에 대해 책임을 지게 하는 것이 좋다. 젖은 가방을 빨아주는 것은 부모가 도와주더라도 젖은 책은 아이가 펼쳐서 말릴 수 있게 시키는 식으로 아이에게 역할을 나누어준다.

2. 책을 꺼내서 말리며 스스로 해결하려고 애쓰는 아이

스스로 문제를 해결하려는 모습이 대견하다. 혼자 하기 힘든 일이 있는데 잘했다고 칭찬해주고, 아이 힘으로 처리하기 힘든 일들을 도와주면 좋다. 다음에 비슷한 일이 생겼을 때는 도움을 요청해도 된다고 말한다.

3. 걱정만 하고 이러지도 저러지도 못하는 아이

민혁이처럼 여러 가지 감정에 압도되어 아무것도 못하는 경우다. 이럴 때는 먼저 아이의 힘들었던 마음을 읽어준 뒤에 문제를 함께 해결해주면 좋다. 민혁이처럼 교과서가 망가졌거나 잊어버렸을 경우, 서점에서 새로 사거나 학교에 여분으로 있는 교과서를 더 받을 수 있다. 단, 교과서는 특정 서점에서만 살 수 있고 시기에 따라 구매가 어려울 수도 있으며, 학교에 따라 교과서가 부족할 수도 있다는 점을 염두에 두자.

1학년 아이 중에는 아직 시계 읽는 법을 모르는 아이들이 많다. 물론 수학 시간에 따로 배우기는 하지만, 학교에서 대부분의 활동이 시간에 따라 진행되므로 시계를 볼 줄 모르면 사소하게 불편한 일들이 생길 수 있다. 시계를 볼 줄 아는 아이들은 가정에서 시계를 활용한 활동을 미리 한 경우가 많은데 아이가 아직 시계를 볼 줄 모른다면, 집에 있는 시계의 숫자 옆에 분침의 시간을 함께 써서 붙인다. 예를 들면 숫자 2 옆에 '10분'을, 숫자 4 옆에 '20분', 숫자 10 옆에는 '50분' 이런 식으로 써서 붙이는 것이다. 그리고 "저 시계로 7시 10분에 숙제하자."처럼 되도록 시간을 많이 활용해서 이야기한다. 시계와 친숙해진 아이들은 금세 시계 보는 법을 익힐 수 있다.

4
기다려지는 점심 시간

　엄마들의 손길이 가장 많이 필요한 시간이자, 그래서 더 궁금한 시간이 바로 '점심 시간'이다. 입이 짧은 우리 아이가 급식에 나오는 반찬은 골고루 먹었는지, 젓가락질을 잘 못하는데 잘 먹을 수 있을지, 왕성한 발육이 이루어지는 초등학생 아이의 엄마에게 '식사' 만큼은 신경을 곤두세우게 하는 일이다.

　요즘은 교실이 아닌 급식실에서 점심 식사를 한다. 초등학교 급식실에는 어른용 수저가 준비되어 있다. 엄마의 도움 없이 점심 시간을 보내는 우리 아이는 학교에서 어떻게 밥을 먹을까?

점심 시간에 해야 할 일

초등1학년 아이들의 점심 시간은 유난히 아이들 스스로 해야 할 일이 많은 시간이다. 가장 먼저, 자신의 차례가 올 때까지 인내심을 가지고 급식 순서를 기다려야 한다. 그리고 널찍한 식판에 받은 밥과 국이 흐르지 않도록 조심조심 자기 자리에 도착해야 한다. 이때 더욱 정신을 차려야 한다. 왜냐하면 자칫 긴장을 늦췄다간 앞서 받은 친구가 어디 있는지 찾지 못하고 넓은 급식실에서 길을 헤맬 수 있기 때문이다. 밥을 먹기까지 해야 할 일이 많은 1학년은 즐거운 점심 시간에도 긴장을 놓을 수 없다.

채소 가득 비빔밥 먹기

맛있는 점심 식사를 시작하는 1학년 2반. 숟가락으로 달걀프라이도 자르는 채윤이, 야무지게 밥을 비비는 봄이, 시금치에 콩나물까지 맛있게 먹는 다인이, 숟가락 한가득 퍼서 먹는 하준이, 시원하게 국물 마시는 건하, 모두모두 밥을 꼭꼭 씹으며 맛있게 먹는다. 그런데 그중에서 유독 표정이 좋지 않은 미란이가 보인다. 집에서도 고기만 먹는 미란이. 어떻게 이 많은 야채들을 먹을 수 있을까? 하지만 채소는 우리 몸에 이로운 것! 선생님이 미란이를 지켜보다 도와주자 미란이는 자기 자신과의 싸움을 하듯 어느 순간 밥을 씹어먹기 시작했다. 꼬박 1시간 동안 한 입 한 입 먹기 싫은 채소 무더기가 가득한 비빔밥을 점점 빠른 속도로 먹더니 밥 한 톨 남김없이 싹싹 긁어먹는 기적을 만들었다. 집에서는 상상하기 힘든 일이다. 아이들은 평소 먹기 싫은 음식이 나와도 맛있게 먹는

친구를 보면 따라 먹는다. 어떻게 하라고 말로 가르치는 것보다는 그저 묵묵히 관심과 애정을 가지고 지켜보는 것만으로도 아이들은 긍정적인 방향을 스스로 알고 나아간다.

오늘의 메뉴, 바로 모둠쌈!

오늘의 점심 메뉴 구성은 차수수밥, 콩나물국, 편육, 무생채, 모둠쌈, 채소 스틱.

상추에 적당량의 밥과 고기를 얹어 터지지 않게 조심히 싸서 먹는 쌈밥은 1학년에겐 먹기 어려운 밥이다. 먹기 싫기도 하지만 먹기도 어려운 쌈밥인 것이다. 쌈밥을 잘 먹기 위한 3단계 전략을 알아보자.

쌈밥 먹는 방법 1단계 – 상추에 밥을 얹는다
쌈밥 먹는 방법 2단계 – 밥 위에 고기를 올린다
쌈밥 먹는 방법 3단계 – 터지지 않게 상추를 잘 싼다

아이들이 저마다 작은 손바닥에 상추를 올려놓고 쌈다운 쌈 싸보기를 시도한다. 올려놓은 쌈이 와르르 무너지고 쌈 싸기가 어려운 아이들은 담임 선생님에게 직접 쌈밥 싸는 방법을 1대1 개인 지도 받았다. 혼자서 쌈밥 만들기에 도전한 하준이. 처음에는 고기를 놓쳤지만 차분하게 다시 도전해서 쌈밥 먹기에 성공한다.

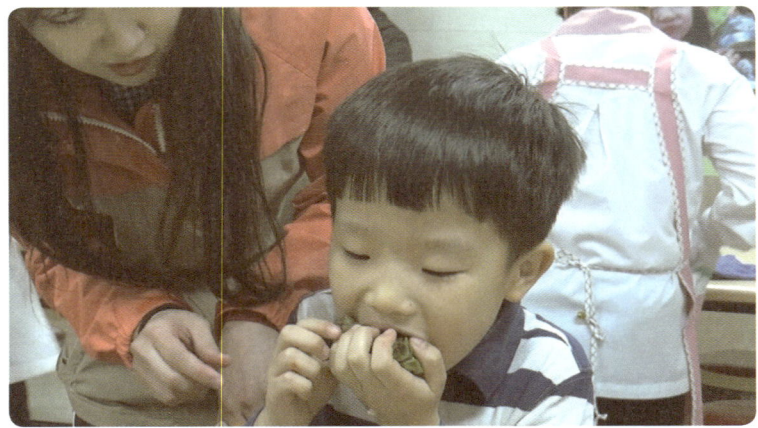

　다른 친구들도 한 명 한 명 성공! 쌈밥의 세계에 들어선 아이들의 입 안 가득 건강이 번져나간다.

수저 사용법 도전!

아이들은 각자 자신만의 스타일대로 숟가락, 젓가락을 이용해 맛있는 점심을 먹는다. 초등1학년은 어린이용 젓가락으론 능숙한 실력을 발휘할 수 있지만 학교 급식실에 준비된 어른용 긴 숟가락과 젓가락으론 편하게 식사하기가 어렵다. 여러 번 시도 끝에 밥을 푸고 젓가락으로 양 조절까지 하는 서진이, 가볍게 깍두기를 잡는 다인이, 채윤이의 야무진 젓가락질. 현명한 초등1학년 아이들은 어른용 긴 수저를 자신의 스타일에 맞게 활용해 식사한다. 숟가락으로 모든 반찬을 해결하기도 하고, 젓가락질이 느리지만 집중력을 발휘해 집기도 하고, 귀찮을 땐 찍어서 먹기도 하고, 급할 땐 손으로 집어 먹기도 했다.

집에서는 엄마가 아이들이 얼마나 먹는지를 알지만 학교에서는 뭘 먹었는지 얼만큼 먹었는지를 알 수 없다. 집에서처럼 편식하지는 않을까 걱정도 앞선다. 하지만 학교생활과 집에서의 생활은 다르다. 반 친구들이 씩씩하게 잘 먹는 모습을 보면서 자극도 받고 흥미도 느끼며 아이들은 새로운 음식까지도 골고루 먹으려고 도전하고 있다.

치카치카 양치왕 선발대회

초등학교 1학년은 아이들 치아 관리에 있어 가장 중요한 시기다. 앞니가 한두 개씩 빠지기 시작하는 1학년 시기에 올바른 양치 습관을 들이는 것은 생활습관 중의 기본이다. 점심 식사를 마치고 세면대에서 벌

어진 '1학년 2반 양치왕 선발대회'!

 칫솔질에 앞서 칫솔을 씻다가 소은이가 치약을 흘렸다. 위기 상황에도 소은이는 침착하게 다시 치약을 묻히고 양치질을 시작한다. 구석구석 꼼꼼히 닦는 아이가 있는가 하면, 친구들과 놀고 싶어 입은 안 헹구고 칫솔만 부리나케 씻고 나가는 아이도 있다. 열심히 양치하다가 양치컵에 치약 거품을 뱉어내며 놀이에 빠지는 아이, 매운 어른용 치약을 아무렇지 않게 사용하는 아이도 있다. 자신만의 신통방통한 양치법을 뽐내는 1학년 2반 아이들. 치카치카 노래도 부르며 재미있게 치아에 대해 배우는 선생님의 수업을 통해 아이들이 치아 건강까지 익히는 하루다.

1. 학교 급식 준비, 어떻게 해서 보내야 할까요?

초등학교 1학년 아이의 입학을 앞두고 많은 부모님들이 하는 걱정 중에 하나가 바로 '급식'에 대한 것이다. 편식을 많이 하는데 괜찮을지, 못 먹는 음식이나 알레르기가 있는 음식이라도 나오면 어떡해야 하는지, 아직 젓가락질도 제대로 하지 못하는데 밥을 제대로 먹을 수나 있는지, 생선 반찬의 잔가시는 어떻게 하는지, 걱정이 한두 가지가 아니다.

1> 아이가 먹기 싫어하는 음식은

아이들이라면 누구나 태어나서 새로 접하는 음식에 대한 거부감이 있다. 맛, 촉감, 냄새 등 어떤 감각이 느껴질지 모르기 때문에 처음 보는 음식을 먹는 일이 긴장되고 겁나는 것이다. 음식은 대부분 맛으로 먹는다고 생각지만, 실제로 아이들에게 물어보면 맛보다는 촉감과 냄새 때문에 싫다고 답하는 아이들이 더 많다. 이런 아이들을 가만히 살펴보면 남들보다 좀 더 예민한 감각을 가지고 있는 경우가 많다. 예민한 감각은 사실 나중에 여러 분야에서 얼마든지 장점으로 살릴 수 있는 기회가 되기도 한다. 그런데 이런 아이들에게 무조건 편식은 나쁜 거다, 음식은 골고루 먹어야 건강하다며 자꾸 억지로 권하다보면 오히려 부작용이 생길 수도 있다. 아이가 편식을 한다면 일단 그 음식이 왜 싫은지부터 물어보고, 아이가 싫어하는 그 지점에서부터 교육을 시작하는 것이 좋다.

2) 편식, 젓가락질, 알레르기 등 식사 문제 걱정이에요

1학년 때 젓가락질을 제대로 하는 아이들은 그리 많지 않다. 하지만 그렇다고 밥을 못 먹는 아이들도 거의 없다. 젓가락질이 안 되더라도 다들 나름대로 터득한 방법으로 밥을 먹는다. 그리고 학교에서도 여덟 살 아이들에게 젓가락질이 어렵다는 것을 잘 알고 있기 때문에 교과서에 올바르게 수저를 잡고 젓가락질하는 방법에 대해 가르치는 내용이 나온다. 수업 시간에 공부하고 나면 아이들도 조금씩 급식 시간에 실습을 해보면서 올바른 방법을 익히고 배우게 되는 것이다. 매일 학교에서 급식 시간에 젓가락을 사용하다보면 어느새 그 기술을 익히게 되는 것이다.

그밖에도 부모들이 걱정하는 급식 문제들에 대해 대부분 학교에서도 해결책을 마련하고 있다. 체질적으로 못 먹는 음식이나 알레르기가 있는 아동들에 대해서는 학기 초에 가정으로 가정통신문을 보내 학교에서 미리 파악한 후, 그 음식이 나왔을 때는 해당 아동이 먹지 않도록 도와준다. 또 생선은 되도록 가시를 제거한 것으로 납품을 받아 조리해서 아동들이 생선을 먹다가 가시에 걸리는 일을 방지하고 있다. 편식이 심한 아이들도 친구들과 어울려서 학교 급식을 먹다보면 자연스럽게 편식 습관이 고쳐지는 경우도 많다.

2. 아이의 치아 관리 어떻게 도와주면 좋을까요?

여덟 살은 한창 유치에서 영구치로 치아가 바뀌는 시기다. 이 시기는 아이들의 치아 관리에도 중요한 시기이다. 이때 새로 난 치아는 앞으로 평생 아이들과 함께하기 때문이다. 그렇다면 아이들의 치아 관리 어떻게 도와주어야 할까?

1〉 양치질하는 방법을 알아봅시다

학교에서 들어가기 전 유치원에서부터 아이들은 양치질하는 법을 수도 없이 배운다. 하지만 아는 것과 실천하는 것에는 늘 차이가 있는 법. 아이들이 양치질하는 모습도 천차만별이다. 대충 입을 한 번 헹구고 마는 아이, 입가에 치약이 그대로 묻은 채로 끝낸 아이, 입을 헹구어야 할 물에 치약을 뱉고 거품으로 장난치는 아이, 세월아 네월아 물을 틀어놓고 천천히 닦는 아이 등 그 방법과 모양도 가지각색이다. 이럴 때 "꼼꼼하게 잘 닦아야지"라고 말하는 것보다는 아이의 입장에서 좀 더 구체적으로 방법을 알려주는 것이 효과적이다.

첫째, 양치질하는 모습을 끝까지 지켜본다.

둘째, 마음속으로 좀 더 보완해야 할 점을 찾는다.

셋째, "잘 했어. 그런데 양치 게임 규칙이 한 가지 더 있어. 물을 다섯 번 헹구고 뱉기!"라고 이야기해주며 아이에 따라 보완해야 할 점을 긍정적인 목표 행동으로 바꾸어 제시한다.

2> 우리 아이 치아 관리 방법

새로 난 치아는 아직 단단해지기 전이라 충치에 매우 취약하다. 양치질을 잘하는 것만으로는 부족한 경우도 종종 있다. 이런 아이들을 위해 부모가 도와줄 수 있는 치아 관리 방법을 살펴보자.

첫째, 어금니 홈 메우기를 활용한다. 어금니는 다른 치아에 비해 홈이 많아서 음식물 찌꺼기가 끼기 쉽고 안쪽에 있어서 칫솔이 잘 닿지 않는 특성이 있다. 따라서 어금니가 새로 났을 때 치아 홈 메우기를 해주면 충치 예방에 도움이 된다.

둘째, 불소가 함유된 치약을 사용한다. 어린이용 치약은 어른용에 비해 불소 함유량이 낮다. 따라서 어른용을 함께 쓰더라도 불소가 함유된 치약을 쓸 수 있도록 한다.

셋째, 학교에 보내는 양치 도구로 칫솔과 치약을 꽂을 수 있게 높이가 있는 양치 컵을 준비한다. 아이들의 양치 도구는 주로 사물함에 넣어둔다. 이때 물 묻은 칫솔을 관리하는 것이 문제가 된다. 다른 책에 물이 묻을 수도 있고, 칫솔이 사물함 바닥에 굴러다녀 비위생적이기도 하다. 아이도 이런 칫솔을 보면 양치할 마음이 싹 사라지기 때문에 칫솔을 넣어도 쓰러지지 않게 어느 정도 높이가 있는 양치 컵을 준비해주면 좋다.

3. 아이의 학교생활이 궁금할 때 어떻게 대화하면 좋을까요?

집에 오면 학교에서의 일을 전혀 말하지 않는 아이들이 있다. 부모는 아이가 학교에서 잘 지내는지 궁금한데 아무리 물어도 모른다고 하거나 단답형으로만 대답하니 답답하기 마련. 집에 오면 학교에서의 일을 다 말한다는 옆집 아이가 부럽기도 하다. 이렇게 아이들마다 다른 것은 기질 차이에 의한 것도 있지만, 부모의 질문에 따라 상황을 다르게 바꿔볼 수도 있다.

1〉 아이가 좋아하는 '점심 시간' 공략하기

아이에게 학교에서의 일을 듣고 싶다면, 아이가 생생하게 살아 있던 시간으로 기억을 돌려놓는 기술이 필요하다. 언제 아이는 가장 재미있었을까? 학교에서 아이들에게 가장 긴 자유가 주어지는 시간은 바로 점심 시간이다. 맛있는 밥을 먹고 친구들과 재미있게 뛰어 놀고 운동장의 놀이 시설을 이용하는 것도 대부분 이 시간에 이루어진다. 아이들의 이런 마음을 이해한다면 이제 학교에서의 일을 이야기할 때, 점심 시간에 대한 것으로 시작해보는 것이 좋다.

또한 아이들과 이야기를 할 때 질문으로 시작하는 것보다는 이야기로 시작을 하는 것이 좋다. 그래야 아이도 자연스럽게 대화에 귀 기울이게 될 테니 말이다. 이야기의 소재는 아이가 흥미로워할 주제로 시작한다. 한번 이야기의 물꼬가 트이면 그다음 이야기들은 술술 꼬리를 물고 나올 수 있을 것이다.

2> 대화 주제 선정이 중요해요

아이들도 어른들과 이야기를 할 때는 야단을 맞거나 잔소리 들을 소지가 있는 것은 잘 말하지 않으려 한다. 수업 시간이나 공부 이야기는 더욱 그럴 것이다. 이럴 때 가장 편안하게 이끌어낼 수 있는 주제가 바로 '급식 메뉴'다. 다른 이야기는 잘 안 하더라도 오늘 급식 반찬이 뭐가 나왔는지, 맛이 어땠는지에 대한 이야기는 쉽게 접근할 수 있다. 아이들도 관심 있어 하는 주제이기 때문이다.

아이들과의 대화를 위해 가장 중요한 것은 첫째, 아이들이 재미있어 하는 것을 주제로 삼아야 하는 것이고 둘째, 아이들이 신경쓰지 않고 마음껏 이야기할 수 있는 주제여야 한다는 점이다. 어른들 사이에서도 자꾸 이야기를 해야 대화 주제도 풍부해지고 공감 형성도 잘 되는 것처럼 아이와의 대화 역시 가장 쉬운 주제로 접근하여 조금씩 대화 주제를 풍성하게 가꾸어가는 것이 중요하다.

5
대청소가 시작됐어요

점점 학교생활에 적응해가는 아이들. 학기 초 혼자서는 자신의 외투도 옷걸이에 쉽게 걸지 못했던 아이들이 청소 도구를 집어들었다. 고사리손으로 하는 교실 청소! 과연 아이들은 대청소를 잘 해낼 수 있을까? 푸르른 5월, 책임감과 사회성을 학습하는 '체계적인 대청소' 시간이다.

봄맞이 대청소 시작

선생님　　책에 나온 것을 보니 '봄맞이 청소를 해요'라고 써 있죠?
　　　　　청소하는 순서는 어떻게 될까요?

청소는 처음에 창문 열기! 두 번째는 책상 정리하기! 세 번째는 사물함 정리하기!
선생님이 여러분들에게 역할을 나눠줄 거예요.

선생님이 아이들에게 역할을 정해주고 "청소 시작!" 신호를 보내자 우르르 자리에서 일어난 아이들은 각자 필요한 도구를 챙겨서 청소를 시작했다. 아이들이 모둠 단위로 청소할 수 있도록 선생님은 모둠에서 맡은 번호에 따라 아이들의 역할을 세분화해서 나누어주었다. 아이들에게는 넓은 교실 전체를 이동하며 청소하는 일이 쉽지 않기 때문이다. 모둠 1번은 '바닥 쓸기', 모둠 2번은 '책상 닦기', 모둠 3번은 '책상 밀기'이다. 모둠의 4, 5번 아이들은 다른 역할을 맡았는데 설명을 들은 아이들의 표정이 아리송하다. '내가 생각한 역할이 맞는 걸까?' 각자의 역할

이 따로 있는 대청소 시간이 시작되었다.

체계적인 대청소 시간

모둠별로 다섯 개의 역할을 가지고 청소가 시작되었다. 책상 미는 민범이, 책상 닦는 봄이, 바닥 쓸고 있는 의서, 의서와 같은 역할로 바닥을 같이 쓰는 윤수 등 아이들 모두 각자 맡은 역할로 청소를 하고 있다. 선생님은 청소 시간에 아이들이 어떻게 하나 전체를 지켜봐줄 뿐 일일이 관여하지 않는다.

수빈이는 자기 일을 다 끝내고 다른 친구들의 일까지 도와주기 시작했다. 떨어진 친구의 옷을 다시 걸어주고 아직 청소를 마치지 않은 친구들의 청소까지 직접 살펴주고 돕는 것이다.

그런가 하면 '책상 밀기' 역할을 맡은 건하는 대청소 내내 열심히 '책상 닦기'중이다. 역할을 헷갈린 건하는 자신의 역할이 책상 닦기라고 생각했고, 대청소가 시작되자마자 책상 위를 깨끗이 정리하더니 이내 물티슈를 꺼내 들었다.

건하는 10분이 넘도록 한자리에 서서 책상을 닦고 또 닦는다. 한참 집중하다가 다른 아이 자리도 슬쩍 닦아주는 듯하더니 다시 자기 책상으로 와서 책상 닦기에 몰입한다. 책상 닦기가 만족스러운지 청소 중에 춤까지 춘다.

성취감과 놀이의 만남!

같은 역할을 맡은 아이들도 성격이나 취향에 따라 청소하는 방식이 다르다. 한 가지 공통점은 모두 청소를 즐거워한다는 것. 아이들은 청소하는 중간에 환호하고, 청소가 끝난 뒤 흥에 겨운 발차기를 하거나 춤을 추는 등 모두 '나만의 세레모니'를 했다. '책상 닦기'를 했던 건하도 춤을 추고 미란이 역시 꼼꼼하게 칠판을 닦고는 춤을 추면서 자신의 역할을 해낸 성취감을 표현했다. 교실 가운데에서 춤추는 한 명의 무희처럼 우아하고 절도 있는 동작을 선보이는 소은이까지 대청소의 풍경이 리드미컬하다.

대청소가 끝나고 아이들이 즐거운 마음으로 율동을 하며 노래를 불렀다.

아이들　　아무것도 모르는 코알라 엄마 품에 안겨서 잠들었대요.
　　　　　코코코 알알알알 라라라.
　　　　　숲 속 작은집 코알라 아무것도 모르는 코알라.

　선생님 역시 아이들과 율동에 맞추어 노래를 부른다. 교실이 코알라 엄마 품처럼 따뜻하다.
　학기 초에는 선생님이 혼자서 교실을 정리하고 청소를 했다. 그런데 이제 아이들 스스로 큰 교실을 청소하고 선생님의 가르침 없이도 줄을 반듯하게 맞춰놓았다. 아이들이 그 사이 성장한 것이다. 집에서도 함께 할 수 있는 역할들이 있다. 아이들에게 자기 방을 정리하거나 식사 준비를 도와줄 수 있는 기회가 생긴다면 아이들은 그만큼 더 책임감을 갖고 자신의 몫을 해나갈 것이다.

1. 자기 할 일을 스스로 잘할 수 있게 하려면 어떻게 해야 할까요?

1> 성취감의 경험을 늘려주세요

성취감이란 어떤 일을 온전히 자신의 힘으로 해냈을 때 느끼는 뿌듯한 마음이다. 그러기 위해서는 일에 적당한 난이도가 필요하다. 여덟 살 아이들에게 '혼자서 숟가락으로 밥을 잘 떠먹었다'고 칭찬을 한다면 어떨까? 이 과제는 서너 살 정도의 아이들이 수행하는 과제이므로 만약 이런 일로 부모가 칭찬한다면 아이들이 속으로 기분 나빠할지도 모를 일이다. 그럼 '당번 활동'은 어떨까? 당번 활동은 아이들 모두 처음 해보는 일이고, 어떤 일을 하는 것인지 생소한 일들이다. 그래서 처음엔 제때에 역할을 하지 못하기도 한다. 무거운 우유 바구니를 들고 오는 것이나 높은 곳의 칠판 글씨를 지우는 일들은 자기 힘으로 하기가 쉽지 않다.

가정에서도 조금만 눈여겨보면 아이들에게 적당한 성취감을 느끼게 해주는 일들을 시킬 수 있다. 성취감을 길러줄 수 있는 역할의 포인트는 두 가지다. 첫째, 아이가 처음엔 혼자 하기에 좀 벅찬 일이어야 하고, 둘째, 시간이 지나면서 조금씩 나아질 수 있는 일이어야 한다.

2. 가정에서 아이들의 역할 분담 어떻게 시키면 좋을까요?

1〉 아이에게 맞는 역할을 정해주세요

먼저 아이들에게 어떤 역할을 정해주느냐가 중요하다. 주어진 역할이 너무 힘들면 아이들이 금방 흥미를 잃기 쉽고, 반대로 너무 쉬우면 뿌듯한 성취감을 맛보기 어렵기 때문이다. 아이가 어느 정도 흥미 있어 하면서 성취감을 느낄 수 있는 역할을 주기 위해서는 먼저 아이를 잘 살펴봐야 한다. 평소 아이가 좋아하는 행동과 관련된 역할을 정해주는 것이 좋다. 정리 정돈을 잘하고 꼼꼼한 성격의 아이라면 신발장 정리, 책상 정리 등의 역할을 주고, 활동적이고 신체적인 에너지가 많은 아이라면 화장실 물청소, 먼지 털기, 무거운 장바구니 들어주기 등의 역할을 주는 것이다.

그다음엔 역할을 수행하는 데 있어서 예상되는 문제들을 미리 생각해야 한다. 정리 정돈을 시킬 경우 물건들을 정리할 수납공간을 마련해주지 않으면 아이들이 역할 수행에 어려움을 느낄 수 있다. 또 욕실 바닥 청소 같은 경우엔 옷이 다 젖을 것을 고려하여 아예 샤워와 함께 할 수 있도록 한다. 먼지 털기의 경우도 깨지기 쉬운 물건이 있는 곳은 사전에 제외하는 것이 중요하다. 이렇게 아이의 성향에 맞게 역할을 정해주면 아이도 쉽게 일에 대한 성취감을 느낄 수 있고, 그 경험이 다시 긍정적으로 작용해 자기 일을 스스로 잘할 수 있는 아이로 성장하게 될 것이다.

2> 필요한 시간에 바로 시작하는 것도 능력이라는 것을 알려주세요

많은 부모님이 자주 하는 말 중에 하나가 '기분 좋을 때는 잘하는데, 싫을 때는 안 하려고만 해요'라는 말이다. 누구나 자신이 하고 싶은 마음이 들 때는 어떤 일이든 시작하기 쉽다. 하지만 어떤 일이든 그 일이 필요한 '때'가 있다. 역할 분담을 한다는 것은 '그 일이 필요한 적절한 때에 하는 것'까지를 포함해야 한다.

아이들이 엄마가 말했을 때 역할 분담을 시작하면 비록 엄마 마음에 흡족하게 하지 않더라도 그 점에 대한 칭찬을 바로 해준다. 역할 수행 여부와는 상관없이 '필요한 시기에 바로 시작하는 것'을 하나의 과제로 생각해주는 것이다. 자신이 원하지 않을 때 무슨 일을 시작한다는 것은 아이의 입장에서 매우 힘든 일이다. 따라서 이 점에 대해 엄마가 칭찬을 해주고 힘든 일인데 잘했다는 말을 해주면 아이는 자기감정을 조절하는 능력까지 배우게 된다.

3. 주어진 역할을 잘하지 않는 아이들의 행동, 어떻게 이해해야 할까요?

1> 주어진 역할은 안 하고 다른 역할에 빠져버린 아이

장난감 정리를 하라는 역할을 주고 한참 후에 봤더니 하라는 정리는 안 하고 장난감을 가지고 놀고 있다면 부모 입장에서는 답답할 노릇이지만 아이 입장은 조금 다르다. 우리는 아이들이 아주 쉽게 주의가 분산된다는 것을 알고 있다. 아이가 의도적으로 역할을 하지 않기 위해 꾀를 부린 상황이 아니라면 잠시 주의가 흐트러진 것 정도는 이해해주는 것이 좋다. 단 그냥 내버려두면 다음에도 반복될 수 있으니 조용히, 그러나 단호하게 다시 한 번 해야 할 일을 일러주는 것이 필요하다. 아이들에 따라 자신의 역할이 무엇인지를 자주 반복해 알려주어야 하는 경우도 있다. 이런 반복 횟수는 아이의 주의 집중력을 파악해보는 데도 도움이 된다.

2〉사물에 관심 있는 아이, 사람에 관심 있는 아이

아이들의 관심과 호기심의 대상은 정말 다양하고 넓다. 하지만 크게 '사물'에 대한 관심과 '사람'에 대한 관심으로 나눠볼 수 있다. 아이들이 대청소하는 모습을 잘 살펴보면 주위를 힐긋거리고 다른 친구들을 살피며 역할을 하는 아이가 있는가 하면, 반대로 한 번도 주위를 살피지 않고 자기 일에만 몰두하는 아이들도 있다. 아이가 주어진 역할을 중간에 잊어버리지 않고 끝까지 완수하는 것은 어려운 일이다. 그런 점을 보면 놓치지 않고 칭찬해주도록 하자.

서천석 박사의
토닥토닥 공감 한마디

✱

대부분의 아이들은 집에서보다 학교에서의 생활이 더 낫습니다.
'나도 우리 반을 이루는 한 사람으로서 역할을 해야 된다'는 생각을 갖기 때문이죠.
반면 집에서는 자신은 그냥 아이일 뿐이고 부모가 시키는 일을 하는 것이라 생각합니다.
그래서 아이들에겐 학교가 중요합니다.
학교를 다니며 아이는 자신에게 역할이 있음을 알게 되고
자기의 주인이 되어 남과 더불어 살아가는 방법을 배우게 됩니다.

✱

아이들은 놀면서 규칙을 만들어갑니다.
그 순간 인생에서 제일 중요한 것을 배우게 되죠.
인간은 사회적 동물이기에 함께 어우러져 살아야 합니다.
그러기 위해서는 함께 공유하는 규칙이 필요하죠.

그 규칙이 처음 만들어지는 순간이 놀이 상황입니다.
아이들이 놀다가 다투면 잘 지켜보세요.
그리고 규칙을 만드는 과정을 살짝 거들어주세요.
싸우지 말라고 야단만 쳐서야 배우지 못합니다.
어떻게 모두가 동의하는 규칙을 만들지
부모와 선생님이 방향을 잡아주고 이끌어주면
아이들은 인생에서 제일 중요한 것을 배우게 됩니다.

*

부모님들은 무언가를 '배운다'고 할 때 그 대상을 '지식'으로만 생각합니다.
그러나 지식만 배움의 대상은 아닙니다.
오히려 친구들이 나와 다르게 생각한다는 것을 느끼고
정답이 하나가 아니라 여러 개임을 깨닫게 될 때
아이는 큰 배움을 얻게 됩니다. 교육은 정답 몇 가지를 머리에 효율적으로 집어넣는 것이 아닙니다.
학교에서 여러 사람들과 상호작용을 하면서
협상하고 타협하고 주장하는 법을 배우는 과정 자체가 중요한 교육입니다.
학교는 아이들에게 공동체 속에 사는 방법을 가르칩니다.

갈등이 생겼을 때 해결하고 합의하는 방법을 배우고,
친구들이 말하는 방식을 지켜보며 언어능력과 사회성을 키웁니다.
우리는 모두 다르기 때문에 더 많이 배울 수 있습니다.
아이들에게 학교가 필요한 이유는 바로 거기에 있습니다.

*

아이들에게도 충분히 공감할 능력이 있습니다.
공감을 경험해보고 실천하면서 공감 능력은 더 성장합니다.
원래부터 착한 아이, 나쁜 아이는 없습니다.
사람은 어떤 경험을 하고 사느냐에 따라 달라지니까요.
부모와 선생님이 공감하는 모습을 먼저 보여주고 아이에게 다른 사람의
마음을 공감해보도록 유도해보세요.
아이가 공감하면 따뜻하게 격려해주고요.
이런 경험이 아이의 공감 능력을 성장시킵니다.
인성이 좋은 아이로 키우는 가장 좋은 방법입니다.

*

초등학교 저학년까지는 자유놀이 시간이
아이들의 두뇌 발달에 미치는 영향이 매우 큽니다.

아이의 쉬는 시간이야말로 아이가 더 많은 것을 배울 수 있는 시간입니다.

쉬는 시간이라고 두뇌는 멈추지 않습니다.

오히려 더욱 활발하게 활동하기도 합니다.

주어진 문제에 대해 답을 찾아가고 해결책도 발견하고

자기 나름의 상상을 통해 자기의 세상을 만들어갑니다.

부모들의 기대와는 달리 책상에 앉아 공부를 할 때보다

자유롭게 놀면서 즐기는 시간이 아이들의 두뇌 발달에 효과적입니다.

그럼에도 부모들은 불안합니다.

'남들도 다 하는데 학원이라도 하나 더 보내야 하지 않을까?'

그 불안이 우리 아이들을 자라지 못하게 합니다.

노는 것이 그저 노는 게 아닙니다.

제대로 놀고 쉬어야 아이들은 자랄 수 있습니다.

불안을 잘 견디는 부모가 아이를 성장시킵니다.

Part 3
두근두근
실력 쑥쑥 수업 시간

아이가 새로운 교과서를 받아왔습니다.
국어와 수학, 그리고 통합 교과서
아이가 낑낑대며 들고 온 교과서를 보니
무엇을 공부할지 한눈에 보입니다.

입학하기 전부터 받아쓰기 전쟁을 벌였습니다.
학습지를 늘어놓고 매일매일 공부도 시켰습니다.
한참 실랑이를 벌이다가
자칫 아이가 공부에서 멀어질까 걱정도 됩니다.

1학년 다른 친구들은 어떨까요?
주변 엄마들의 이야기에 귀가 솔깃하다가
불안한 마음이 더 커질까봐 마음 터놓지는 못했어요.

학교에서의 교과 공부는 어떻게 진행되는지

집에서는 아이를 어떻게 지도할지

무엇보다 1학년 우리 아이에게 어떤 깨달음이 자라날지

엄마는 궁금합니다.

살아갈 날들의 수많은 공부의 시작점에 선 아이에게

지치지 않는 배움의 즐거움을 알려주고 싶습니다.

1
책 받는 날, 한글 공부 시작

본격적인 학교 공부가 시작되었다. 아이들은 입학 후 한 달 동안 '적응교재'를 이용해 학교생활에 필요한 기본기를 익히고, 새 책을 받은 후 '국어', '수학' 등 본격적인 교과서 수업에 들어간다. 적응 기간을 끝내고 학습을 위해 새로운 교과서를 받는 날, 1학년 2반의 모습은 어떨까?

아이들에게는 새 책을 가득 담아 들고 작은 몸으로 빵빵해진 가방을 메고 집까지 가야 하는 미션까지 주어졌다. 보조 가방, 비닐봉지, 종이 가방 등 온갖 가방이 등장한 공부의 시작을 알리는 1학년의 책 받는 날!

내 생애 첫 교과서 챙기기

선생님　　　지금부터 교과서를 나눠줄 거예요. 한 권씩 빠짐없이 잘 챙기세요.

　아이들은 새 책이 나란히 놓여 있는 교실 앞으로 나와 책을 챙기기 시작한다. 교과서는 총 일곱 권. 선생님이 책을 챙기는 법을 설명하고 아이들이 차례차례 나와 책을 챙겨가는데 1학년의 작은 손으로는 새 책 일곱 권을 한 번에 집기가 쉽지 않다.
　옆구리에 끼운 미란이의 책들은 스르륵 흘러내려 채윤이가 떨어진 책을 주워주었다. 책을 받으러 나간 명수는 책을 한데 모으려고 내려놓다가 책이 와르르 흐트러졌다. 새 책을 한꺼번에 봉지에 담으려고 하는 봄

이는 한 번에 넣는 것이 어렵기만 하다. 책을 무사히 자리까지 가져간 민범이는 엄마가 챙겨준 종이가방을 가방에서 꺼내 정리했다. 소은이는 튼튼한 보조 가방을 준비했다. 미끄러뜨리고, 놓치고, 자리까지 가기도 전에 주저앉는 아이들. 겨우 자리까지 가져온 교과서를 책가방에, 그리고 보조 가방, 비닐봉지, 종이가방에 쑤셔넣었다.

너무 무거운 교과서 옮기기!

아이들이 가방을 메고 낑낑댄다. 선생님과 인사하는 시간도 버겁다. "아이고.", "무거워!", "엄마야!" 온갖 힘겨운 표현을 하며 아이들은 새 책이 든 무거운 가방을 메고 교실을 나섰다. 학교에서부터 집까지 최단거리의 명수, 비교적 단거리인 민범이와 연진이, 중거리인 소은이와 서진이도 오늘은 왠지 모두 교과서를 들고서 집으로 향하는 길이 까마득하게 멀게 느껴진다.

교실 앞에서 할머니를 만나기로 한 명수, 2층 교실에서 1층 돌봄 교실까지 가야 하는 연진이, 2층 교실에서 학교 앞 스쿨버스 정류장까지 가야 하는 소은이… 가방에 책을 챙기는 방법만큼이나 각자의 목적지도 다양하다. 양손 가득 짐을 들고 휘청휘청, 비틀비틀 걸어가는 1학년 아이들을 지켜보는 사람들의 마음이 더 불안하다. 몇 걸음 가지도 못했는데 헝클어진 머리며 걸음걸이마저 엉망이 된 아이들. 어른들에게는 짧은 거리지만 아이들에게는 감당하기 힘든 무게이기도 하다.

밀착 탐구 초등1학년의 국어 시간

초등학교 1학년의 첫 국어 시간. 칠판 앞에 선 선생님을 보며 아이들은 손가락을 높이 든다. 차근차근 'ㄱ' 쓰는 방법을 설명해주는 선생님. 위에서 아래로, 왼쪽에서 오른쪽으로 이렇게 쓰는 거라고 차근차근 아이들과 눈을 맞추어가며 설명한다. 선생님의 설명을 듣고 손가락으로 글자 쓰기를 따라하는 아이들의 눈들이 똘망똘망 진지하기만 하다. 뭐든지 처음에 정확히 배우는 게 중요하기 때문에 아이들에게는 무척 중요한 시간이다. 여덟 살답지 않게 매우 집중력 있게 국어 시간을 보내고 있는 아이들. 선생님이 가르쳐준 걸 교과서에 직접 써보기도 한다. 선생님의 설명을 다 들은 아이는 교과서에 'ㄱ'부터 'ㅎ'까지 정성껏 따라 쓰

기 시작한다. 자음자 '읽기', '쓰기'가 끝난 교실에서 '자음자 카드 짝 맞추기 게임'이 시작되는데, 서로 자기가 하겠다고 아이들이 손을 들었다. 힘차게 손 든 명수가 나와서 카드 짝 맞추기에 바로 성공했다. 친구들이 맞출 때마다 아이들의 웃음소리와 박수 소리가 쏟아진다.

학교생활에 어느 정도 적응하고 한결 편해진 모습으로 본격적인 학습을 시작한 아이들. 공부의 첫발을 내디딘 초등학교 1학년 아이들의 공부하는 시간은 앞으로 점점 늘어날 것이다. 하지만 지금처럼 즐기는 마음으로 공부의 재미 또한 알아갈 것이다.

1. 1학년 아이들은 어떤 교과서로 공부할까요?

1〉한 권을 끝내고 시작하는 시기가 과목마다 달라요

요즘은 과거와 달리 교과서가 자주 개편된다. 지금 시행되는 교과서 제도는 2013년에 개편되었다. 저학년은 과목 이름 자체도 바뀌기 때문에 학부모 입장에서 혼란스러울 때도 많다. 지금 1학년들이 배우는 과목은 크게 국어, 수학, 통합으로 나뉜다. '국어'는 한 학기에 '가'와 '나' 두 권의 교과서를 공부하므로 1년이면 총 네 권의 교과서를 배우게 된다. 그런데 국어 외에 '국어 활동'이라는 교과서가 똑같은 개수로 제공된다. 그러다보니 1학년 아이들은 1년에 국어 한 과목을 공부하는 데 총 여덟 권의 교과서를 활용하게 된다. '수학'은 '수학 익힘' 책과 같이 제공되며 한 학기에 한 권씩, 1년에 총 네 권의 교과서로 공부한다.

교과서 미리 보기 - 학년 구분이 사라지다

1학년	국어	수학	통합 교과
1학기	국어 1-가,나 국어 활동 1-가,나	수학 1 수학 익힘 1	학교1, 봄1, 여름1, 가족1
2학기	국어 2-가,나 국어 활동 2-가,나	수학 2 수학 익힘 2	이웃1, 가을1, 겨울1, 우리나라1

통합 교과서는 각각의 주제별로 교과서가 따로 있다. '학교', '가족,' '봄', '여름'을 1학기 동안 공부하고 '이웃', '우리나라', '가을', '겨울'을 2학기 동안 공부한다. 1년에 총 여덟 권을 공부하므로, 통합 교과서는 보통 한 달에 한 권씩을 끝내고 새로 시작하게 되는 셈이다.

이렇게 교과서를 끝내고 시작하는 시점이 과목마다 서로 다르기 때문에 학교의 주간학습 안내를 잘 참고하여, 아이들이 교과서를 잘 챙길 수 있도록 도와주는 것이 중요하다.

아이들의 방과 후 상황에 따라 책가방을 메고 이동하는 거리는 개인차가 많다. 따라서 아이의 방과 후 활동 상황이나 이동 거리가 어떻게 되는지를 꼼꼼히 살펴보고 교과서나 책가방의 무게를 조절해주는 것이 필요하다.

2) 짝꿍 교과서를 잘 챙겨주세요

짝꿍 교과서란 위에서 말한 '국어 활동'과 '수학 익힘' 책 교과서를 뜻한다. 시간표에 국어, 수학이 들어 있는 경우 국어와 수학 교과서를 넣고 다 챙겼다고 생각하기 쉽지만, '국어'는 '국어 활동' 교과서와 함께 가지고 다녀야 하고, '수학'은 '수학 익힘' 책 교과서를 함께 가지고 다녀야 한다. 학교 수업 시간에는 보통 '수학' 교과서로 기본 개념을 공부하고 '수학 익힘' 책을 이용해서 문제를 풀며 개념을 다지고 실전 연습을 하는 공부가 이루어지기 때문이다. 이런 짝꿍 교과서 시스템은 고학년이 되어도 마찬가지이기 때문에 처음부터 같이 챙기는 습관을 들일 수 있도록 도와주는 것이 중요하다.

2. 1학년 학습 과정과 수준은 어느 정도인가요?

　초등학교 저학년의 공부는 부모가 충분히 지도할 수 있는 범위 안의 수준이다. 공부 내용은 받아쓰기와 간단한 수 세기, 연산이며 나머지는 주제 통합 공부를 하게 된다. 특히 국어 교과는 모든 교과목의 기본이 된다. 지식을 이해하고 표현하는 데 국어 실력이 필수적이고 수학적 개념도 국어 실력이 뒷받침되어야 이해할 수 있다.

1〉 입학 전, 한글 실력은 어느 정도여야 할까?

　요즘 학교에 입학하는 1학년 아이들의 한글 실력은 그야말로 천차만별이다. 하지만 학교 현장에서는 아이들의 평균적인 한글 수준에 맞추어 수업을 이끌어나가는 것이 현실이다. 한글을 완벽하게 마스터하지 못하더라도 받침 없는 글자나 홑받침 글자 읽고 쓰기 정도는 익혀서 보내는 것이 좋다.

　국어 교과서 또한 그런 모양새를 많이 갖추고 있다. 첫 국어 시간에는 자음과 모음에 대해 공부하는 것이 맞지만, 이런 한글 자모 이해에 대한 내용은 전체 국어 교과서에서 차지하는 비중이 적은 편이다. 그리고 교과서 내용 중에는 한글을 읽을 줄 알아야 이해가 가능한 긴 문장의 내용도 꽤 나오기 때문에 입학 전에 간단한 동화책을 혼자 읽고 내용을 이해할 수 있는 정도의 한글 수준을 갖추는 것이 도움이 될 것이다.

　1학년 받아쓰기 시험을 대비하여 글자를 쓰는 것에 많은 에너지를 쏟는 경우도 많은데, 초등1학년의 글자 쓰기는 보고 따라 쓸 수 있는 정도면 충분하다. 선생님이 칠판에 써주는 알림장 내용을 옮겨쓸 수 있고, 교과서에서 묻는 말에 간단한 답을 쓸 수 있는 정도면 되는 것이다. 이 수준만 된다면 나머지는 1학년 학교 공부를 하면서 얼마든지 따라가며 실력을 향상시킬 수 있다. 우리나라 한글은 매우 합리적이고 체계적인 글자이기 때문에 그 원리만 파악하면 금방 읽고 쓸 수 있게 된다는 장점이 있다.

　하지만 내 아이가 뒤처지지는 않을까 걱정스러운 것이 부모의 마음이다. 물론 실력이 월등한 아이들이 초반 수업에서는 기세를 잡는 것이 당연하다. 그러나 선행학습을 많이 한다고 해서 항상 좋은 결과로 이어지는 것은 아니다. 아이들에 따라 다르긴 하지만, 선행학습을 많이 한 아이 중에는 너무 쉬운 내용 때문에 쉽게 학교 공부에 흥미를 잃고 수업 시간에 다른 흥밋거리를 찾는 일에 골몰하게 되어버리는 경우도 있다. 나중에 학습이 진짜로 어려워졌을 때 남들보다 못하게 되는 것을 두려워한 나머지 결과적으로 학습에 부정적인 영향을 끼치게 되는 경우도 있다. 아이가 너무 뒤처지지 않도록 적당한 수준의 학습 경험을 갖추면 학교에 입학해서 금방 적응할 수 있을 것이다.

2〉입학하면 곧바로 문장 받아쓰기를 하게 되나요?

공립 초등학교에서는 최소 적응 기간인 한 달이 지난 후 받아쓰기를 하는 게 일반적이다. 물론 그 시작 시점은 학교에 따라 조금씩 다르다.

적응 기간이 끝나고 배우는 첫 국어 교과서의 4단원 중 3단원은 글자를 익히는 단원이다. 1단원은 익숙한 글자를 써보고 바른 자세와 자형으로 글씨 쓰는 법, 2단원은 자음과 모음, 3단원은 글자의 짜임을 배운다. 꽤 많은 분량이 자음 소개에 들어가 있고 진도가 나가기 전에 받아쓰기를 하지는 않는다. 또한 대부분의 학교에서는 '받아쓰기 급수판'이라고 해서 단원별로 받아쓰기 평가에 출제될 10문장을 미리 한 장의 인쇄물로 나누어준다. 이를 보고 집에서 미리 모의 받아쓰기를 해볼 수 있기 때문에 크게 걱정하지 않아도 된다.

3. 방과 후 아이들의 활동, 어느 정도 시키면 좋을까요?

1〉돌봄 교실과 방과 후 학교란?

초등 돌봄 교실

저소득층과 맞벌이 가정의 자녀를 위해 방과 후 학교에 마련된 돌봄 교실에서 학생들을 돌봐주는 시스템이다. 방과 후 마련된 별도의 교실에서 오후 5시까지, 또는 밤 10시까지 실시되고 있다. 등교 전 아침 돌봄과 방과 후 저녁 돌봄을 운영하는데 학교마다 시간과 프로그램이 다르게 적용된다.

돌봄 교실에서는 아이들이 정규 수업 이외의 시간을 가정과 같은 환경에서 편하고 안전하게 보낼 수 있도록 하고, 맞춤식 과제 지도 및 특기 적성 시간 운영으로 학생들의 소질과 재능을 계발하도록 하고 있다. 2014년부터 초등학교 1·2학년을 대상으로 시작되었으며 부모 소득 여부와 관계 없이 희망자는 무료로 돌봐준다. 2015년에는 3·4학년도 대상에 포함시켰고 2016년에는 5·6학년까지 대상층이 확대되었다.

방과 후 학교

특기 적성 교육과 방과 후 교실, 수준별 보충학습을 통합하여 2006년부터 초·중·고등학교에서 정규 교육 과정 이외의 시간에 다양한 형태의 프로그램으로 운영하는 교육체제다.

각급 학교에 따라 단계별 목표를 정해 시행 중인데, 초등학교 1~3학년은 방과 후 보육 및 교육 욕구 해소에 초점을, 4~6학년은 특기 적성 및 다양한 교육 프로그램을 통하여 학교 밖 교육을 학교 안으로 모으는 데 중점을 두고 있다.

2〉 방과 후 아이들의 활동, 선택의 폭은 다양해요

요즘 학교는 '교육'뿐 아니라 '보육'의 기능까지 더 추가되었다. 점심도 학교에서 해결해주고 방과 후에 바로 집에 가지 않고 학교에서 시간을 보내는 아이들도 더 많아졌다. 돌봄 교실로 가서 저녁 늦은 시간까지 머무르는 아이들이 있는가 하면 바이올린, 미술 등 각종 방과 후 수업을 듣고 집으로 가는 아이들도 있다.

초등학교 방과 후 교실은 개별 강사의 역량에 따라 수업의 질이 많은 차이가 난다. 특정 과목에 대한 선호도를 살펴보면 저학년은 예체능, 취미, 특기와 관련된 방과 후 교실이 인기가 높고, 고학년으로 갈수록 영어 수업이나 IT 자격증을 취득할 수 있는 컴퓨터 수업으로 옮겨가는 경향이 있다.

3〉 아이의 성장과 발달에 맞추어주세요

어떤 아이들은 방과 후에도 에너지가 펄펄 남아돌아 바이올린도 배우고 태권도도 하고 싶다고 말한다. 하지만 어떤 아이들은 학교에 다녀오는 것만으로도 완전히 파김치가 되어서 다른 것은 전혀 못 하겠다고 한다. 실제로 다른 것을 좀 시켜봤는데 아이가 아프기만 하고 체력적으로 못 따라간다는 생각이 들 때도 있다. 옆집 아이는 안 그런데 우리 아이만 왜 그럴까? 하는 생각이 들기도 한다. 하지만 그것은 아이마다 성장과 발달 속도, 기질이 다르기 때문이다.

이때 중요한 태도는 한 번 결정한 것을 1학년 내내 고수하는 것보다는 유연하게 대처하는 것이다. 학기 초에 파김치가 되었던 아이가 학기 말에는 다시 생생해져서 무언가를 배우겠다고 하고, 그 반대의 경우도 있다. 아이의 변화는 그동안 아이가 성장하고 발달했다는 증거이기도 하다. 따라서 아이의 발달 상황에 맞추어 그때그때 활동을 유동적으로 바꿔주는 것이 현명한 답일 것이다.

2
체육 시간

    1학년 2반 체육 시간에 열린 작은 운동회. 이번 수업에서는 팀을 나눠서 줄다리기, 이어달리기가 진행되었다. 어른들의 눈에는 너무나 당연한 일들인데, 이를 처음 접하는 아이들에게는 전혀 다른 세상이다. 규칙에 익숙하지 않은 초등1학년 아이들은 과연 체육 시간을 제대로 즐길 수 있을까? 규칙을 배우고 승패를 경험하게 되는 초등1학년의 체육 시간이 시작되었다.

함께하는 시간, 줄다리기

    체육 시간이 되자 아이들이 연두색과 주홍색의 조끼를 팀별로 나누어

갈아입었다. 능숙하게 옷을 갈아입은 아이들이 미처 옷을 갈아입지 못한 친구를 도와준다.

준비 체조까지 마치고 첫 번째 경기로 진행된 '줄다리기'. 경기 시작 전, 어른용 빨간 목장갑을 끼면서 경기를 준비하는 1학년 2반 아이들의 표정은 올림픽 대회에 출전하는 선수처럼 비장하다. 하지만 비장한 마음도 잠시, 아이들은 굵고 묵직한 줄다리기 줄을 어떻게 잡고 어떻게 당겨야 하는지 몰라 우왕좌왕한다. 처음 해보는 줄다리기. 줄을 잡은 손도 어설프고, 구령 소리도 뒤죽박죽이지만 점차 호흡을 맞추어 박빙의 대결을 벌였다. 구령에 맞추며 줄을 끌어당기는 아이들. 힘껏 힘을 모은 1팀이 승리했다. "아, 조금만 더!" 2팀의 아이들도 져서 아쉽지만 열심히 했기에 밝은 표정이다.

마지막 줄다리기를 준비하면서 위치를 바꾸며 신경전을 벌이는 아

이들은 상대방을 도발하면서 기선을 제압하기도 한다. 1학년 2반 아이들은 힘내어 "에너지를 받아랏!" 하며 운동장이 울리도록 소리도 치고, "영차 영차" 이 악물고 힘껏 줄을 당겨도 본다.

역주행, 선 이탈 제각각 달려도 마음만은 하나!

1학년 2반 체육 시간의 두 번째 경기는 '이어달리기'이다. 순번을 정해 바통을 전달하며 결승점까지 달려야 하는 이어달리기는 초등1학년에게 복잡한 경기이다. 이어달리기 방법에 대해서 설명해주는 선생님의 지시에 따라 아이들이 이어달리기를 준비했다.

"준비 땅!"

　그런데 아이들이 경로를 이탈하기 시작한다. 경기의 룰을 아직 잘 모르는 아이들은 역주행도 서슴지 않고 선 안쪽으로 돌기도 다반사이다. 이어달리기 경기를 할 때, 열심히 친구들을 응원하는 아이들도 있지만 중간 중간 여기저기서 흙 놀이에 빠져 있는 아이들의 모습도 볼 수 있다. 이어달리기를 어떻게 하는지도 알고, 자기 차례가 언제인지도 잘 알고 있지만 경기 시간이 차츰 지나면서 별로 새로울 것이 없는 달리기만 이어지자 주의가 흐트러진 것이다. 여덟 살은 이렇게 매순간 주의가 바뀌고 관심가는 대상이 바뀌는 나이다.

　머리띠까지 벗어던지며 빠르게 스피드를 내는 미란이. 하지만 중심을 잃고 넘어지고 말았다. 하지만 다시 일어나 다부지게 달려나간다. 승부는 긴장감을 더해가고 형보다 늦게 출발한 날쌘돌이 민혁이가 역전을 했다. 이제 뒤이은 주자 주윤이와 봄이의 차례다. 그런데 이게 웬일인가! 봄이가 운동장을 가로질러 경로를 이탈해서 뛰기 시작했다. 돌발 사태에 중단된 경기. 하지만 아이들의 표정은 해맑음 그 자체다.

드디어 마지막 주자인 1팀의 건하와 2팀의 명수가 출발했다. 아이들이 마지막 주자를 힘차게 응원한다.

2팀　　　　　신명수! 신명수!
1팀　　　　　김건하! 김건하!

손에 땀을 쥐게 하는 승부를 펼치는 순간 아뿔싸! 명수의 신발이 벗겨지고 말았다. 명수는 신발을 찾으러 가고 그사이 결승점에 먼저 도착한 사람은 건하! 1팀의 승리다!

명수는 신발을 찾은 뒤에 끝까지 포기하지 않고 달려서 결승점을 통과했다. 승패보다 끝까지 최선을 다하는 것의 의미를 아는 명수다. 경기가 끝나자 선생님이 있는 곳으로 아이들이 뛰어가면서 서로 껴안으며 체육 시간을 기분 좋게 마쳤다.

자기 팀을 응원하고 자기 차례가 되면 최선을 다하는 아이들의 모습은 모두 한결같았다. 체육 시간을 통해 아이들은 경기의 규칙을 익히고 순간순간 최선을 다하는 것의 의미, 이기고 질 때 임하는 자세를 배울 수 있었다.

1. 1학년 아이들이 할 수 있는 일과 할 수 없는 일

1> 단체복 조끼 입기

운동 경기를 위해 아이들은 먼저 두 팀으로 나누어 연두색과 주황색의 팀복 조끼를 입었다. 그런데 이 조끼를 입는 모습부터 천차만별이었다. 단체복 조끼 입기처럼 다수의 아이들이 뚝딱 해치우고 소수의 아이들만 익숙하지 않은 일이라면 1학년 정도의 발달 단계에서 충분히 혼자 할 수 있는 일이라고 판단할 수 있다. 단지 생활 속에서 경험의 차이가 학교생활에서도 그대로 드러나는 것뿐이다.

2> 운동화 끈 매기

체육 시간 도중에 운동화 끈이 풀린 아이의 운동화 끈을 선생님이 매어주었다. 단체복 조끼를 입을 때는 선생님이 아이들을 도와주지 않다가 운동화 끈이 풀린 아이는 직접 매어주었던 것은 단체복 조끼 입기는 1학년 아이가 '할 수 있는 일'이지만, 운동화 끈 매기는 '할 수 없는 일'에 해당하기 때문이다. 어른들에게는 너무나 쉽고 간단한 운동화 끈 매기이지만, 여덟 살 아이가 이것을 능숙하게 하는 경우는 거의 드물다. 매듭을 묶는 일은 발달 단계가 어느 정도 지나야 가능한 일로 보통 3, 4학년 정도 되어야 아이들이 스스로 할 수 있게 된다.

2. 이어달리기 경기에서 아이들은 왜 규칙을 지키지 않을까요?

1〉 경기장의 선을 무시하고 내 맘대로 뛰기

이어달리기 경기를 하기 전, 선생님은 아이들에게 경기 규칙을 설명해주고 또 연습 경기까지 하면서 아이들이 이해하도록 도와주었지만, 아이들은 저마다의 방법으로 운동장을 가로지르거나 역주행을 하는 등, 보는 이들을 당황하게 만들었다. 아마 아이들에게 이어달리기 규칙에 대해 물어본다면 흰 선을 따라서 뛰는 것이라고 제대로 대답을 할 것이다. 대부분의 여덟 살 아이들이 규칙을 지키지 않는 것은 규칙을 모르기 때문이 아니다. 아이들이 고의로 반칙을 한 것은 더더욱 아니다. 단지 그 순간 깜빡했기 때문이다. 처음 하는 이어달리기, 긴장되는 순간, 경기장의 흰 선이 아이의 눈에 차분히 들어오기 힘들다. 그 때문에 그냥 앞만 보고 그대로 전진하는 것이다.

2〉 포기하지 않고 끝까지 도전하는 힘

여덟 살 아이들이 마냥 어린 것만은 아니다. 머리띠까지 벗어던지며 이어달리기 경기에서 최선을 다해 달리던 미란이는 그만 넘어지고 말았다. 하지만 벌떡 일어나 다음 주자에게 바통을 넘기는 투혼을 발휘한다. 어떤 상황에서도 자신의 역할을 끝까지 해내는 것이다.

마지막 달리기 주자로 나선 명수는 이번엔 역주행 없이 무사히 코스대로 잘 뛰고 있었는데, 그만 신발이 벗겨지고 만다. 상대편 선수는 이미 결승점에 들어갔고 경기는 끝이 난 상황이었지만 신발을 찾아 신은 명수는 경기장을 완주하는 걷기와 책임감을 보여준다.

아이들의 이와 같은 모습에서, 어른들은 오히려 세상을 마주하는 한 수를 배우게 된다.

3
국어 시간과 수학 시간

아이들의 사고력이 점점 무르익어가는 2학기 초반의 수업 시간. 아이들의 인지적 능력은 어디까지 왔을까? 1등 2등이 중요한 게 아니라 같이 배우면서 공부하는 재미를 알아가는 수업 시간. 속속들이 모든 것이 궁금한 아이들의 진짜 수업 시간이 펼쳐진다.

아이들은 어떤 생각을 하고 있을까?

글쓰기는 곧 자기 생각과 감정의 표현이다. 이번 국어 시간에는 내 감정과 느낌을 자연스럽게 표현해보기 위해 느낌에 대한 감상을 적어보고 동시 창작을 해보기로 했다. 과연 아이들은 동시를 짓는 수업에서 어떤

것을 어떻게 표현할까? 아이들이 가장 접하기 쉽고 애정을 갖고 있는 애완동물과 관련된 에피소드를 갖고 수업을 시작했다. 저마다 알고 있는 것을 발표하기 위해 아이들이 손을 번쩍번쩍 들었다.

의서	제가 발표하겠습니다. 저는 뱀을 키웁니다.
채윤	헉. 뱀을 키운대.

　의서의 말을 듣자 친구들의 입이 저절로 벌어진다. 친구들도 몰랐던 사실이다. 주윤이는 기니피그를 키우다가 지금은 '두송이'라는 이름을 가진 강아지를 키우고 있다고 말한다. 해나는 개구리를 키운 적이 있다고 하는데 친구들의 경험이 정말 다양하다. 친구들의 경험을 들으며 아이들의 눈빛이 초롱초롱 빛난다. 아이들은 친구들이 들려주는 이야기에 너나없이 집중하는 모습이다.

재기발랄 마음 표현 동시 시간

　아이들의 다채로운 경험만큼 직접 쓴 동시에 다양한 표현들이 등장할까? 요즘 학교 수업은 시청각을 활용한 수업 방식으로 아이들이 흥미를 갖고 집중하도록 한다.

선생님	12쪽 그림 보니까 강아지가 신발을 어디다 갖다 놨을까요? 그 옆에 주인이 화가 났어요. 그런데 강아지가 귀를 쫑긋쫑긋 세운 거 보여요? 그리고 예쁘게 표정을 짓고 있어요. 차마 혼낼 수가 없죠? 시뿐만 아니라 그림을 보면 내용을 더 잘 이해할 수 있어요.

공감과 이해가 필요한 어려운 문제일 수 있지만 이런 훈련을 통해 아이들이 어떻게 상황을 이해할 수 있는지 도와준다. 선생님이 수업을 일방적으로 설명하고 진행하는 것이 아니라 중간 중간에 아이들이 참여하도록 아이들에게 문제를 읽어보게도 하고 답도 끌어내본다.

읽기, 말하기, 쓰기 등 아이들이 직접 참여하는 다양한 활동을 통해 자신의 감정이나 느낌을 자연스럽게 표현하도록 하는 수업의 가장 중요한 목표는 "나도 쓸 수 있다"는 자신감을 심어주는 것이다. 가장 먼저 명수가 자신의 생각을 표현한 동시를 발표한다.

명수	저벅저벅 귀신 소리가 들리네. 몸이 부들부들 떨리네. 도망가자. 귀신아~~ 놀랐네.
다인	뷔페하는 사람들은 힘들겠다. 왜냐면 밥도 안 먹고 아침부터 저녁까지 일하기 때문이다.
시연	나비는 바쁘다. 꽃에서 꿀을 많이 가져오기 때문이다. 그런데 사람한테 잡힐 수 있다.

명수는 귀신에 대해 썼고 다인이와 시연이는 각각 뷔페와 나비에 대해서 동시를 지었다. 아이들이 지은 시를 보니 전체적으로 아이들 마음속에 두려움이 많다는 것을 알 수 있다. 귀신이 나타나서 놀라고, 나비가 잡힐까봐 걱정하는 마음이 드러난다. 이 또래 아이들의 사물에 대한 감정은 어른들이 느끼는 것과 다르다. 이 시기는 약자에 대해 공감하고,

두렵지만 용기를 내보려 하는 시기다. 혹여 표현이 서툴고 약해도 믿고 기다리는 것이 필요한 때다.

수학 시간, 스릴 만점 스피드 게임

　수업 시간에 펼쳐진 긴장감 넘치는 스피드 게임. 화면에 나온 두 자릿수 숫자를 두 가지 방법으로 읽는 것이다. 1부터 100까지의 숫자를 한글과 한자, 두 가지 방법으로 읽는 것은 초등학교 1학년에게 만만치 않다. 숫자 읽기 수업을 하는 이유는 개념에 대해서 공부하기 위해서이다. 개념은 선생님이 일방적으로 말해주면 바로 익히게 되는 것이 아니라 말한 것을 자신이 직접 실천해보고 친구들이 하는 걸 보는 과정을 통해 이해되는 것이다. 그래서 함께 배우는 것이 무엇보다 중요하다. 1모둠

이 앞에 나와서 가장 먼저 게임을 시작했다. 하지만 아무래도 첫 번째로 하는 모둠이 불리하다. 긴장감 때문에 정답이 바로 생각나지 않기 때문이다. 더군다나 첫 순서니 연습해볼 시간도 없다. 특히나 아이들에게는 테스트 상황이 어렵기만 하다.

연진   사십삼 또는 마흔셋.
선생님   통과!

그런데 미란이의 순서가 되자 바로 생각이 나지 않은지 미란이가 당황스러운 표정을 지었다. 생각이 나지 않아 가물가물 기억을 더듬는 아이도 있고, 자기 차례가 되자마자 정답을 맞히는 아이가 있는가 하면, 과감하게 "패스!"를 외치는 아이도 있다. 집에서 하면 덜 긴장되어 더 잘

할 수 있는 일이다. 하지만 긴장 속에서도 해낼 수 있는 능력을 키우는 것도 중요하다. 의미 없는 과정은 하나도 없는 법! 긴장에도 의미가 담겨 있다. 사람들간의 상호작용을 통해 성장하는 것, 학교에서 얻을 수 있는 성장이다.

1. 자기 생각과 감정의 표현인 글쓰기, 어떻게 하면 잘할 수 있을까요?

1〉 자신의 감정을 잘 표현하는 아이

명수는 귀신을 주제로 시를 썼다. 귀신을 보았을 때의 무서운 감정을 표현한 것이다. 시를 낭독할 때도 "아~~!" 하며 감정을 잘 살리는 모습을 볼 수 있었다.

아이를 키워본 부모라면 누구나 아이가 감정을 자유롭게 표현하도록 두는 일이 얼마나 어려운 일인지 실감한다. 풍선 날리기를 좋아해서 차가 오는 줄도 모르고 위험하게 뛰어다니는 아이에겐 잔소리가 먼저 튀어나오기 마련인 것처럼 말이다. 아이가 어릴수록 '안전'과 '자유로운 감정'의 구분이 어려워 힘든 일이 종종 있지만, 다행히 여덟 살의 아이들은 서서히 그 구분을 할 줄 알게 된다. 따라서 미리 아이와 자유로움을 허용할 수 없는 상황에 대한 규칙을 정해놓고, 그 외의 나머지 상황에서는 되도록 아이의 감정을 존중해주는 것이 좋다. 대부분 아이의 감정은 '놀이'를 할 때 가장 많이 표출된다. 자신의 감정을 잘 표현하는 아이들은 긍정적인 감정뿐 아니라 부정적인 감정도 수용해주는 환경에서 자란 아이들인 경우가 많다. 자기 감정 표현에 자유로운 아이들이 쓰기와 같은 창의력을 요구하는 상황에서도 제대로 능력을 발휘할 수 있다.

2〉 다른 사람의 감정을 잘 공감하는 아이

아이들이 자유롭게 주제를 정하여 쓴 글을 보면 그 아이의 평소 기질을 잘 엿볼 수 있다. 명수가 귀신을 보았을 때 무서웠던 '자신의 감정'을 표현했다면 다인이와 시연이는 뷔페 식당과 나비를 보고 '상대방의 감정을 공감'한 시를 썼다. 보통의 아이들이 여러 가지 맛있는 음식이 펼쳐진 뷔페 식당에서 먹느라고 정신이 없었을 때, 다인이는 그곳에서 일하던 사람들을 보았던 것이다. 시연이도 자신의 감정이 아닌 나비의 감정에 대한 글을 썼다. 모두 다른 이의 감정을 함께 느끼고 이해하는 공감 능력이 있었기에 가능한 일이었다. 이런 공감 능력은 아이들에게 매우 중요한 능력이다. 공감 능력이 발달한 아이들은 학교생활이나 교우 관계에서 많은 장점을 발휘하게 된다. 그뿐만 아니라 글쓰기 상황에서도 특별한 공감 능력을 발휘하여 재능을 펼칠 수 있게 되는 것이다. 공감 능력이 풍부한 아이로 기르고 싶다면 가정에서도 아이에게 다른 가족을 배려할 수 있는 상황을 많이 만들어주는 것이 좋다.

2. 1학년의 수학 공부는 어떻게 다를까요?

1학년 1학기 때까지는 1부터 50까지 읽는 것을 배우고, 1학년 2학기 수학 시간은 50에서 100까지 읽는 것으로 시작한다. 먼저 50, 60, 70, 80, 90, 100과 같은 십단위 수를 배우고 그사이 51, 52 등의 숫자를 읽는 것이다. 그다음에 단순 덧셈을 배우게 된다. 이어서 숫자 세 개를 더하는 것이 나오고 30분과 정각 정도의 시간 읽는 법을 배운다. 그다음에 도형의 기본꼴을 배우면 1학년 2학기 수학이 끝난다.

많은 부모들이 아이들이 개념을 어떻게 익히는지를 잘 모른다. 개념 지식은 선생님이 한번 말해주면 바로 배우는 게 아니라, 아이들이 자기가 한번 실천해보기도 하고 친구들이 하는 걸 보기도 하는 식의 반복된 상황을 통해 익히게 된다. 하나의 개념을 제대로 긴 시간을 들여 배워야지 확실히 깨우치는 것이다. 장기적으로 지식이 내면화되는 과정이라고 생각하고 반복적으로 아이가 수학 과정을 익히도록 도와주어야 한다.

1〉 문장제 문제는 언어 능력이 필요해요

게임을 즐겁게 진행하던 아이들이 문장제 문제가 나왔을 때는 몹시 당황하였다. 어른들의 눈에는 어려울 것이 없는 내용이지만 아이들에게는 천지 차이로 느껴지는 문제이다. 읽어야 할 글자가 많았기 때문이다. 1학년 아이들은 아직 한글 읽기가 능숙하지 않아서 한꺼번에 여러 글자가 담긴 문장이 펼쳐지면 읽고 그 뜻을 이해하는 데 시간이 걸린다. 또 뒤의 문장을 읽으면서 앞 문장 내용을 잊어버리기도 한다. 그러다 보니 수학의 문장제 문제에서 많은 아이가 실수를 하고 틀리곤 한다. 하지만 반대로 문장을 읽고 이해하는 능력이 빠른 아이들에게는 문장제 문제가 쉽게 느껴진다. 그래서 수학을 잘하는 1학년 아이 중에는 진짜 수학 실력이 우수한 아이들보다는 언어 능력 발달이 빠른 아이들이 많다. 하지만 빠르다는 것이 곧 우수하다는 것을 뜻하지는 않는다. 아이들의 언어 능력은 학년이 올라가면서 금방 비슷해지기 때문이다. 그렇게 언어 실력이 비슷해졌을 때 비로소 진짜 수학 실력이 성적에 반영되는 것이다. 이렇게 언어 능력이 성적에 반영되는 상황은 수학뿐 아니라 다른 과목에서도 비슷하게 나타난다. 그렇기 때문에 1학년 때의 공부 실력은 학년이 올라가면서 바뀔 수 있는 변수가 더 많다.

2〉 연산 문제 반복 학습의 득과 실

아이들 중에는 수학 실력 향상을 위해 학습지를 풀며 반복되는 연산 문제를 공부하는 경우가 종종 있다. 물론 이렇게 비슷한 유형의 문제를 많이 풀다보면 익숙해져서 실제 수학 실력에도 긍정적인 영향을 미치게 되는 것은 사실이다. 그런데 공부를 잘하기 위해서는 '실력' 외에 한 가지 조건이 더 필요하다. 바로 공부를 '잘할 수 있다고 자신을 스스로 믿는 마음'이다. 이런 마음은 눈에 잘 보이지 않고 측정할 수도 없는 것이라 많은 부모가 쉽게 간과하기도 하고, 사실을 알고 있더라도 어떻게 해주어야 하는지 몰라서 넘어가버리기도 한다. 하지만 실제 학교에서는 지능이 높은 아이들보다도 '잘할 수 있다고 자신을 스스로 믿는 마음'을 가진 아이들이 훨씬 나중까지 집중력과 끈기를 발휘해 공부하는 것을 볼 수 있다. 어떤 아이들은 머리도 좋고 재능도 있는데 이상하게 쉽게 포기하고, 어려울 것 같은 문제에는 잘 도전하지도 않으려고 하는 경향을 보인다. 이런 아이들은 반복적이고 지겨운 수학 연산 학습지를 풀다가 하고자 하는 마음을 놓쳐버린 경우일 수 있다.

학습지 공부에서 중요한 것은 아이가 공부하면서 느끼는 감정들을 함께 살펴보고 수용해주는 것이다. 그날 풀어야 할 목표가 정해져 있더라도 아이의 상황에 맞추어 분량을 조절하거나 시기를 조절하는 융통성을 함께 가지는 것이 필요하다.

3〉 입학 전 수학 교과서 예습 가이드라인

수학 교과서는 학교에서 선생님에게 배우고, 수학 익힘 책은 집에서 자기주도적 학습용으로 활용하도록 되어 있다. 학교와 가정에서 연계하여 수학을 학습하라는 의미가 담겨 있다. 입학 전 교과서 선행학습은 아이가 잘 따라오는지 반응을 살펴가며 적정한 수준에서 들춰보는 정도가 바람직하다. 단원 도입부에 두 페이지에 걸쳐 나와 있는 그림을 살펴보고 어떤 느낌이 드는지, 가장 재미있는 그림은 무엇인지, 여기서 무엇을 배울 수 있을 것 같은지 아이와 함께 이야기를 나눠보는 것으로도 충분하다.

수학 익힘 책의 문제를 풀 때는 힌트, 설명, 주의할 점을 먼저 읽어보면 도움이 된다. 억지로 공부를 강요하기보다는 공부의 흐름을 익히는 정도로 교과서를 살펴본다.

4
신나는 가게놀이

    아이들은 돈의 개념을 어떻게 받아들이고 있을까? 초등1학년 아이들은 통합 교과 '이웃'에 있는 교육 과정 중 하나인 경제 수업 시간에 '가게놀이'를 한다. 아이들은 '손님'이 되어 소비자로서 물건을 직접 사기도 하고, '주인'이 되어 판매자로서 물건을 팔기도 한다. 사람들이 어떻게 경제 활동을 하고 사회 속에 어우러지는지 실제 역할 놀이를 해보는 시간이다.

가게놀이 준비하기

    가게놀이를 위해 준비해야 할 것은 무엇이 있을까? 우선 물건 가격을

정해서 가격표를 붙이고 가게 개점을 위한 준비를 한다. 축복의 서점, 행복의 가을 문구점, 반짝반짝 옷가게, 좋은 신발 좋은 음식 등 아이들은 저마다의 가게 이름을 내걸고 모두 손님 맞이 준비에 한창이다.

가게놀이 규칙

손님과 주인 역할을 번갈아가며 물건 사고팔기

- 준비물 : 지갑, 돈, 장바구니, 영수증, 예산서, 결산서

＊주인은 물건을 홍보하고 손님에게 친절히 안내한다

＊손님은 물건 가격을 꼼꼼히 따져보고 구매한다

가게놀이 관전 포인트

역할 놀이를 통해 판매자와 소비자 입장 이해하기

큰손 건하의 자산 불리기

가게놀이를 위해 건하는 식료품 가게를 열었다. 그중 가장 인기 상품은 이천 원짜리 '컵라면'! 아이들 모두 건하의 컵라면에 관심 폭발이다. 인기템이자 희귀템으로 아이템 선정이 아주 탁월했다. 컵라면 두 개로 건하가 의기양양하다.

건하 이거는 내가 판다! 돈을 얼마나 벌 수 있는지 보자!
      컵라면 두 개 팔아서 부자 될 거야!

하지만 가게 주인 건하는 컵라면 두 개를 모두 내놓기가 아까운지 한 개는 슬쩍 가방에 집어넣었다. 그것을 본 미란이와 선생님이 지적하자, 건하는 멋쩍은 듯 다시 꺼내놓았다. 역시 인기 상품인 만큼 가게놀이가 시작되자마자 컵라면 한 개가 누리에게 팔리고 나머지 한 개는 명수가 사려고 눈독을 들인다. 명수는 "이천 원이 없는데 천 원에 팔면 안 될까요?"라며 파격적인 가격을 제시하며 건하와 흥정을 시작하는데 주인 건하의 대답은 한 치의 망설임도 없이 "오케이." 통 큰 건하답다. 그런데 반 가격으로 '컵라면'을 사간 명수가 잠시 후 '반품 요청'을 했다. 명수의 반품으로 되돌아온 컵라면은 여전히 인기를 끌며 결국 민범이의 품으로 들어갔다. 가게놀이 시작 전, 이것저것 사고 싶은 물건이 많았던 건하는 가게놀이 주인과 손님 역할이 바뀌는 시간에 컵라면을 판매한 돈으로 폭풍 쇼핑을 하고 어마어마한 큰손으로 등극했다.

손님의 마음을 노려라!

1학년 2반 장터에 열린 가게 중 가장 문전성시를 이루는 인기 있는 가게는 아이들의 백화점, '문구점'이다. 연필, 필통뿐만 아니라 휴지, 치약 등 아이들의 필수품들이 빼곡하게 진열되어 있다. 그렇게 손님으로 들끓는 가게가 있는 반면 파리만 날리는 가게도 있었다. 바로 '축복의 서점'. 진열대를 가득 채울 만큼 책이 많았지만 손님의 관심을 끌기엔 역부족이었다. 주변의 인기 가게들을 살펴보며 위기를 느낀 주인 채윤이와 연진이는 사람들의 시선을 돌리기 위해 하늘 높이 팔을 뻗으며 손님 몰이를 시작하였다. 여기서 끝이 아니다. '공짜' 좋아하는 손님의 심리를 이용해 "공짜예요 공짜!"라고 호객 행위까지 하는 등 제법이다. 하지만

막상 손님이 가격을 물어보면 "900원"이라고 말한다.

신중한 구매 부탁합니다

민범이는 물건을 사기 전 끊임없이 물어보는 깐깐한 손님이다. "이거 가져가도 돼?", "누구 거예요?", "진짜 가져가도 되지?" 민범이는 자신이 원하는 확실한 대답을 들은 후에야 물건을 샀다. 그리고 합리적인 소비자, 살림꾼 소은이는 예리한 표정으로 뒤적뒤적 물건을 훑어볼 뿐 사지 않는다. 물건을 두 번 세 번 확인하고 적극적인 흥정도 마다하지 않는 소은이는 물건에 흠집은 없는지, 가격 대비 적당한 물건인지, 현재 가진 돈을 생각해 과연 합리적인 소비가 맞는지 끊임없이 고민하고 있는 중이다.

함께 나누는 시간

　문구점에서 파는 '캐릭터 카드'를 갖기 위해 열심히 옷을 판 하준이. 그런데 '캐릭터 카드'를 사려고 문구점에 도착한 순간, 윤수가 '캐릭터 카드'를 먼저 사버렸다. 그토록 원했던 카드를 갖기 위해 열심히 돈을 벌었지만 눈앞에서 놓쳐버린 하준이. 이렇게 허탈할 수가! 그 자리에서 털썩 주저앉아버렸다. 실망한 하준이가 그만 감정을 이기지 못하고 교실을 뛰쳐나갔다. 그런 하준이의 모습이 선생님의 눈에 들어오자 선생님은 해결책을 모색하였다.

| 선생님 | 윤수야. 하준이가 실망한 것 같은데 가서 얘기해주자. 윤수는 하준이의 그런 마음을 몰라서 그랬던 거고 지금 생각해보니까 하준이는 반 나눠도 괜찮다고 할 것 같아. |

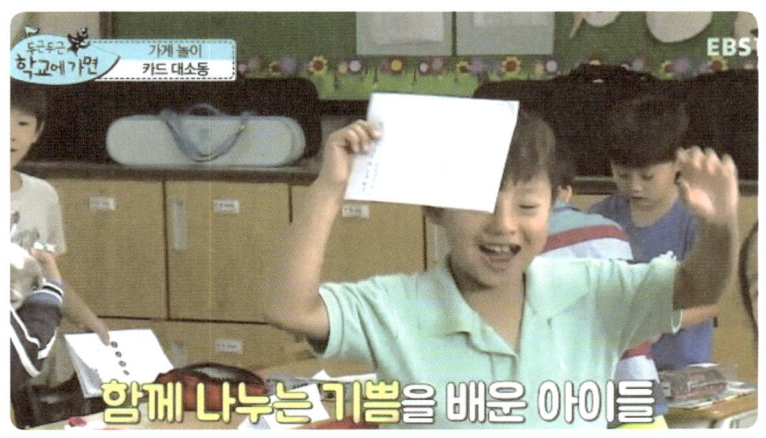

반씩 카드를 나누자는 선생님의 절충안에 윤수가 수긍을 했다. 윤수가 복도에 있는 하준이에게 다가갔고 카드를 뜯었다. 하준이도 마음이 한결 풀어졌다. 하준이도 윤수에게 다가가서 돈이 다 떨어진 윤수에게 자신의 돈을 나누어주었다. 필요한 것을 양보해준 윤수에 대한 고마움이다. 하준이가 함박웃음을 짓는다.

예상과 달리 아이들은 뛰어난 경제능력을 가지고 있었다. 손님, 주인의 역할과 권리를 정확히 알고, 적절한 가격 흥정과 물건을 포장하는 호객행위, 필요한 것을 획득하는 물물교환, 반품 요청 등 어른들의 경제생활을 그대로 따라하고 있는 것이다. 아이들은 자신도 모르게 부모로부터 세상을 보고 배우고 자신의 나이에 맞는 경제관념을 만들어가고 있었다.

1. 역할 놀이를 통해 아이들은 무엇을 배울까요?

1, 2학년이 배우는 통합 교과서에서는 병원놀이, 가족놀이, 가게놀이 등 다양한 역할 놀이 활동이 나온다. 아이들은 역할 놀이에 필요한 소품을 만들고 준비하는 과정부터 시작하여, 역할 놀이가 끝날 때까지 많은 것들을 느끼고 배우게 되는 것이다. 역할 놀이는 혼자 할 수 없기 때문에 친구들과 협동해야 하고, 또 서로 역할을 바꾸어보면서 상대방의 입장도 자연스럽게 이해하게 된다.

1> 팔고도 싶고 갖고도 싶은 마음

건하는 컵라면을 팔기 위해 가격표를 붙이고 가게에 진열해놓았다. 하지만 아까운 마음에 마음이 흔들리고 결국 한 개는 다시 가방에 넣고 만다. 부모는 가끔 변덕을 부리는 아이의 이런 모습이 당황스럽다. 하지만 학교에서는 야단치는 사람이나 타이르는 사람 하나 없이도 잘못한 행동이 무엇인지 자연스럽게 배우게 된다. 건하는 두 번 정도 '갖고 싶은 마음' 때문에 컵라면을 가방에 넣었지만, 미란이와 선생님의 반응을 통해 자신의 행동이 정당하지 않음을 자연스럽게 느낀다. 컵라면을 내어놓고, 대신 폭풍 쇼핑으로 자신의 '갖고 싶은 마음'을 충족시킨 것이다.

건하로서는 서로 약속한 규칙을 지키는 범위 내에서 사회구성원들의 욕구를 존중해야 된다는 점을 배우게 된 놀이였다.

2) 사고 싶은 물건을 갖지 못했을 때

두 번째 큰 사건은 캐릭터 카드 때문에 일어났다. 비싼 카드를 사기 위해 열심히 돈을 벌었던 하준이는 간발의 차이로 윤수에게 선수를 뺏기고 말았다. 그 속상함을 견디지 못한 하준이는 결국 교실을 뛰쳐나간다. 집에서 아이가 이런 모습을 보인다면 순간 부모의 관심은 바로 아이에게 향했을 것이다. 아이의 그 마음이 안쓰러워 달래기도 하고 캐릭터 카드를 하나 더 사주겠다고 말했을 수도 있다. 또는 아이가 그 상황을 받아들이는 것이 맞다고 생각하여 오히려 놀이를 하다가 뛰쳐나간 아이의 태도를 나무랐을 수도 있다.

하지만 학교에서는 어땠을까? 하준이는 혼자 복도에 나가 자신의 속상한 마음을 충분히 들여다볼 수 있는 시간을 가졌다. 혼자만의 시간을 통해 성장한 하준이는 자신에게 카드를 나눠주었던 윤수가 돈이 떨어진 것을 알고는 슬쩍 다가가 자신의 돈을 나눠주었다. 하준이는 한 번의 좌절을 통해 많은 것들을 배웠을 것이다.

2. 아이들의 용돈 관리는 어떻게 하면 좋을까요?

가게놀이를 통해 본, 돈에 대한 아이들의 생각은 어른들의 생각과는 많이 다르다는 것을 알 수 있었다. 아이가 학교에 들어가게 되면 생기게 되는 부모의 고민 중 하나가 바로 '용돈'이다. 용돈은 언제부터 주어야 하는 건지, 또 얼마를 주는 것이 적당한 건지 용돈을 주는 적절한 방법은 무엇일까?

1> 용돈을 정하는 기준

여덟 살은 아직 돈에 대한 개념이 제대로 자리 잡히지 않을 나이다. 따라서 1학년 때는 굳이 용돈을 주지 않아도 된다. 다만 아이가 용돈을 달라고 요청할 때에는 아이의 돈 관리 능력, 생활 패턴 등을 살펴보고 그에 맞게 용돈을 주는 시기와 액수를 정하는 것이 중요하다. 돈을 잘 잃어버리고 흘린 적이 있는 아이라면 매일 아침마다 또는 이틀에 한 번 정도로 적은 액수를 자주 주는 것이 좋다. 아이의 하루 일과 중 딱히 돈을 쓸 시간이나 장소가 없고 용돈에 대해 별로 말하지 않는다면, 아직 용돈을 주기엔 이른 시기라고 생각하는 것이 좋다.

2> 용돈은 왜 필요할까?

아이가 학교에 다닌다는 것은 그들만의 '사회생활'이 생긴 것을 의미한다. 용돈 문제는 아이들에게 유연한 사고를 길러줄 수 있는 좋은 교육의 기회가 될 수도 있다. 왜 용돈이 필요한지, 그 돈은 어디에 어떻게 쓸 것인지를 이야기하는 과정에서 자연스럽게 서로를 이해하고 배려하는 마음이 생기고 상황에 따라 유연한 사고를 할 줄 아는 힘도 길러지는 것이다. 물론 그 과정에서 돈의 개념을 익히면서 아이들의 사회생활에 대해 자연스럽게 알게 될 수 있다.

서천석 박사의
토닥토닥 공감 한마디

*

아이 공부를 봐줄 때 가장 중요한 한 가지.
아이가 잘한 부분에 대해서도 놓치지 않고 이야기해주세요.
부모들이 주로 아이에게 이야기하는 것은 아이의 못하는 부분, 부족한 부분
입니다. 못하는 것, 부족한 것을 지적받은 아이들은 더 열심히 할까요?
그렇지 않습니다. 공부를 피곤하게 생각합니다.
자신에게 상처 주는 나쁜 것이라 생각합니다.
이런 상황이 반복되면 아이들은 무언가 배우려는 마음을 갖지 않습니다.
아이가 포기하지 않게, 공부를 좋아할 수 있게 도와주세요.

*

아이의 교과서와 친해지세요.
아이의 교과서를 알아야 아이에게 할 말이 생깁니다.
일상에서 가볍게 아이에게 다양한 정보를 건넬 수 있어요.
1학년에선 얼마나 알아야 하고,

어디까지는 알 필요 없을지도 짐작할 수 있어요.
그 시간을 보낸 지 오래된 부모들은 오해하는 경우가 많거든요.
예를 들어 1학년은 시계 보기를 2학기에나 겨우 배우고
그것도 정각과 매시 30분만 배우는 게 전부입니다.
아이가 시계를 못 읽는다고 큰 문제는 아닌 것이죠.
게다가 아이가 사용하는 교과서를 보면
학교에서 아이가 보이는 수업 태도를 짐작할 수 있습니다.
아이의 교과서를 자주 들여다보세요. 알아야 아이를 잘 도와줄 수 있습니다.

*

아이가 초등 1학년 때 부모들이 가장 많이 신경쓰는 것이 받아쓰기입니다.
아이와 여러 번 연습했는데 학교에서 틀려오면 속도 많이 상하지요.
받아쓰기는 우리 아이가 어떤 수준인지 평가하는 것이 아닙니다.
아이에게 한글을 가르치는 과정이자 방법에 불과하지요.
받아쓰기를 하는 목적은 아이의 실력을 키우는 데 있습니다.
그런데 점수를 갖고 아이를 평가하기 시작하면 아이는 너무 괴롭습니다.
아이들은 대부분 점수에 굉장히 민감합니다.
나쁜 점수를 받으면 무척 괴로워하고 좋은 점수에 집착합니다.

배움을 시작하는 시기에 점수와 평가에 집착하면
아이들은 제대로 배움을 즐길 수 없습니다.
아직 어리기에 모르고 틀리는 것은 당연하고
모르고 틀리는 데서 배워야 하는데 오직 틀리지 않는 것만 생각합니다.
그러니 부모부터 평가에 집중하지 마세요.
틀린 것을 다그치기보다 뭘 배울지에 대해 웃으며 이야기하세요.
아이들이 공부할 날들은 앞으로 너무 많습니다.
조급해하지 않아야 아이는 오래 즐겁게 공부할 수 있습니다.

*

아이들 저마다 개인차가 있어요.
국어 잘하는 아이가 있는가 하면 수학 잘하는 아이가 있죠.
그런데 이런 개인차도 한 해가 가고 또 두 해가 지나면 달라집니다.
못하던 것을 잘하게 되고, 잘하던 것이 묻히기도 합니다.
'우리 아이는 이런 아이'라고 단정짓는 부모의 태도가 아이의 기를 죽일 수
있습니다. 못한다고 생각하면 사람은 자꾸 피하기 마련입니다.
못한다고 생각해 안 하니까 나중엔 진짜 못하게 되기도 하고요.
너무 빨리 아이들을 평가하고 단정짓지 마세요.
찬찬히, 그리고 꾸준히 아이들을 지켜보세요.

*

아이들이 스스로 할 수 있다는 사실을 어른들이 오히려 믿지 못하는 경우가
많습니다. 아이들에게 스스로 할 수 있는 기회를 주세요.
기회를 주고 끝까지 해내도록 격려하고
못해냈어도 다음에 또 해보자고 말해주세요.
어떻게 조금씩 변하고 있는지 지켜보세요.
지켜보는 것은 가만히 내버려두는 것이 아닙니다.
시간을 두고, 아이를 깊고 정확하게 보는 것입니다.

*

세상에는 봄에 피는 꽃도 있고, 여름에 피는 꽃도 있고, 가을에 피는 꽃도
있습니다. 그 꽃 중에서 언제 피는 꽃이 제일 예쁘다 말할 수 있을까요?
모든 꽃은 그 나름대로 다 예쁘지요. 우리 아이들도 마찬가지입니다.
내 아이가 꽃 피우는 시간을 기다려주세요.
가을에 피는 꽃도 얼마든지 예쁠 수 있으니까 지금 우리 아이의 발달이 조금
늦다고 하더라도 시간이 지나면 더 멋진 꽃을 피울 수 있습니다.
왜 우리 아이의 꽃은 아직 피지 않나 비교하지 말고
네게는 너에게 맞는 계절이 있다고 격려해주세요.
아이들은 다 꽃피웁니다. 저마다의 멋진 꽃을.

Part 4

두근두근
1학년의 마음속

"오늘 학교 재밌었어?"
"친구들이랑 뭐 하고 놀았어?"
"어떤 친구가 제일 좋아?"

학교에서 돌아온 아이에게 질문이 쏟아집니다.
궁금한 것투성이인데
아이는 말을 하지 않아요.

친한 친구는 누구인지
친구와 무얼 하면 즐거운지
요즘 학교에서 일어나는 가장 재밌는 일들은 무엇인지
궁금한 것이 많습니다.

교실에서 벌어진 예측하지 못했던
아이들의 생각을 들여다보고
깜짝 놀랐습니다.

여덟 살의 마음속에는 우리 생각보다
무궁무진한 세계가 담겨 있습니다.

1학년 아이들의 말 속에 담긴
다양한 생각들을 존중합니다.

마음을 보여줘서 고마워.
씨앗을 틔운 너의 생각과 꿈이 풍성한 열매를 맺도록
항상 곁에서 응원해줄게.

1
친구가 생겼어요

아이들이 학교에 가고 싶은 가장 큰 이유! 바로 친구다. 학교에 좋아하는 친구가 있다는 건 인생에 소중한 씨앗을 심는 일처럼 설레고 가슴 벅찬 일이다. '1학년만의 친구 사귀는 법'부터 좋아하는 친구에 대해 이야기해보는 '고백의 시간'. 1학년 2반 아이들이 맺은 우정을 통해 친구의 의미를 다시 생각해보자.

수줍은 고백, 좋아하니까

학교에 간 아이들은 하루 중 가장 오랜 시간을 같은 반 친구들과 함께한다. 아침 등교부터 공부 시간, 쉬는 시간, 점심 시간까지 함께 공부하고 생활하면서 반나절을 같이 지내다보니, 친해지지 않을 수 없다.

아이들이 함께하는 동안에는 갖가지 일들이 벌어지기 마련이다. 하지만 그 시간 속에 옆에 손잡아주는 친구가 있기 때문에 아이들의 시간은 풍성해진다. 그동안 고마웠던 친구를 칭찬하는 '친구 칭찬하기' 시간. 그런데 생각하지 못한 상황이 발생했다.

선생님	소은이는 누구를 칭찬해요?
소은	저는 정의서를 칭찬해요.
선생님	왜냐하면?
소은	좋아하니까.
선생님	의서가 왜 좋아요? 의서가 소은이한테 잘해줘요?
소은	어제 밥 먹으러 갈 때 손 잡아줘서 고마웠어요.

소은이의 뜻밖의 고백에 의서도 싫지 않은 눈치다.

명수는 동화책을 읽을 때 옆자리를 양보한 하준이를 칭찬하면서 배시시 웃었다. 고개 숙이고 뭔가를 쓰는 민혁이는 건하를 칭찬했다. 밖에서 놀다가 넘어졌는데 건하가 일으켜주었기 때문이다.

우린 어떻게 친구가 됐을까?

건하와 민혁이는 1학년 2반의 소문난 단짝이다. 주로 교실에서 활동하는 다른 친구들과 달리, 교실, 복도, 운동장 등 장소 불문하고 엎치락뒤치락 온몸으로 뛰어다니며 달리기를 한다. 두 친구는 학기 초부터 친해졌다. 교실 맨 앞자리와 뒷자리에 앉은 둘은 멀리 떨어져 앉았지만 학교 입학 첫날부터 가까워졌다. 학교에 입학해서 낯선 마음으로 두리번

거리다가 복도를 함께 걷게 된 건하와 민혁이는 갑자기 복도 달리기를 하게 되고 서로의 이름을 물었다.

건하   사이좋게 놀다가 친한 친구가 되었어요.
민혁   웃고 즐겁게 뛰면서 친해졌어요.

건하와 민혁이는 서로에게 어떤 친구일까? 입학식 이후 복도에서 뛰어다니는 민혁이와 건하는 학교 사방을 뛰어다니면서 더 친해졌다. 뛰다가 어깨동무도 하고 툭툭 치면서 친해진 두 아이는 오늘도 학교 구석구석을 누비고 다닌다.

건하의 풀린 명찰 끈을 매주는 민혁이와 그런 민혁이가 고마워서 함께 기뻐하는 건하. 운동장에서 공 차며 뛰놀기도 하고, 둘의 우정은 계절이 바뀌어도 변함없다.

좋은 친구의 법칙

의서   좋은 친구의 법칙을 소개하래.
민범   어떻게? 우리가 할 수 있을까?
의서   평소 우리의 모습을 보여주면 돼.

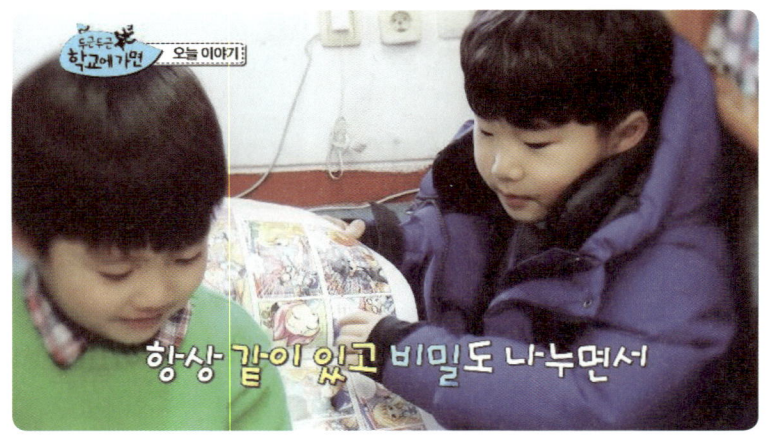

　평소의 모습만 보여주어도 좋은 친구의 모습 그 자체라니! 이 아이들의 모습은 어떨까? 급식실에서 함께 밥 먹는 민범이와 의서는 재밌는 일이 있을 때도 함께다. 도서관에서 사이좋게 책을 보는 민범이와 의서. 기분 좋은 일이 있을 때는 복도에서 함께 춤추는 두 친구. 좋은 친구가 있기에 학교가 즐거워진다.

술래잡기 - 한눈에 보는 친구 관계

　친구 관계를 한눈에 볼 수 있는 '술래잡기' 게임이 시작되었다. 술래잡기는 '술래를 잡기 위해'라는 핑계로 아이들 마음속의 친구를 알 수 있는 게임이다. 5명의 아이들이 가위바위보를 하여 미란이가 첫 번째 술래로 정해졌다. 그런데 미란이를 향해 의서와 민혁이가 슬금슬금 차례

로 다가온다. 술래를 약 올리고 싶은 의서와, 술래가 되고 싶은 민혁이, 미란이는 계속되는 술래에 속상하기만 하다. 이때 윤수는 미란이의 흑기사가 되어 미란이를 약 올렸던 의서를 술래로 만들었다. 예상치 못한 윤수의 배신에 의서는 억울하지만 이 틈을 타 민혁이는 건하와 함께 달리기 위해 술래가 되어 건하를 향해 돌진한다. 친구를 위해 기꺼이 술래가 되고 싶은 마음인 것이다.

심심할 때, 어려움에 처했을 때, 혼났을 때, 속상할 때, 엄마가 없는 학교엔 대신 친구가 있었다. 친구가 필요한 순간에는 곁에 있는 친구가 최고의 친구가 되었다. 걱정과 달리 1학년들은 누구의 도움 없이도 혼자 힘으로 친구를 사귀었고 그 친구와 함께하는 즐거움을 알고 있었다.

1. 아이들은 어떤 친구와 친한 친구가 되는 걸까요?

1> 기질이 잘 맞으면 왠지 끌려요

학교에서 아이들의 친구 관계를 잘 살펴보면, 친한 친구로 오래 가기 위해서는 기질이 서로 잘 맞아야 한다는 것을 알 수 있다. 민혁이와 건하의 경우 둘은 같이 뛰어다니면서 서로 우정을 나눈다.

하지만 모든 아이들이 기질이 비슷해야 친한 친구가 되는 것은 아니다. 여자아이들의 경우 한쪽은 누군가를 챙겨주고 돌봐주는 것을 좋아하고, 한쪽은 동생처럼 돌봄을 받는 것을 좋아하는 경우에도 서로 궁합이 맞아 단짝 친구가 되기도 한다. 이렇듯 아이들의 친구 관계에서는 그 둘만이 느낄 수 있는 찰떡궁합의 요소가 꼭 하나씩은 있다.

2> 신체적, 인지적 발달을 살펴보세요

1학년과 같은 저학년의 경우는 신체적, 인지적 발달도 친구 관계에 중요한 영향을 미친다. 이 시기는 신체적, 인지적으로 왕성하게 발달이 이루어지고 있는 시기이기 때문에 같은 반 친구라고 하더라도 차이가 나는 경우가 많다.

특히 인지적 발달은 여자아이들의 친구 관계에서 많이 나타난다. 역할 놀이나 대화하는 것을 좋아하는 여자아이들에게 상황을 얼마나 빨리 인지하느냐는 놀이의 재미를 증가시키는 요소이기 때문이다. 한 친구가 갑자기 손을 전화기 모양으로 펼치고 가게놀이를 할 때, 상대 친구가 이를 받아주면서 대화를 펼치면 둘만의 놀이 세계로 빠져들게 된다. 서로 눈을 마주치며 키득키득 웃으며 온갖 상상력을 발휘하여 이야기를 이어가는 것이다. 하지만 둘 중의 하나가 무슨 상황인지 이해하지 못하고 머뭇거리고, 상대방이 일일이 말로 설명해주어야 하는 상황이라면 아무래도 놀이의 재미가 줄어들 수밖에 없다. 이런 신체적, 인지적 발달 차이는 3, 4학년 정도 되면 거의 없어지기 때문에 이 또한 1학년 교실에서나 볼 수 있는 풍경이기도 하다.

2. 친한 친구를 아직 못 사귄 것 같은 우리 아이, 어떻게 하면 좋을까요?

1> 아이의 기질에 따라 친구도 달라집니다

'친구와 함께하는 것'보다는 '혼자 무엇인가에 집중하는 것'을 더 좋아하는 기질을 가진 아이도 있다. 교실에서도 이런 기질의 아이들을 살펴보면 다른 친구들이 함께 밖에서 축구하자거나, 도서관에 같이 가자고 말해도 반응을 하지 않는다. 특히 자신이 좋아하는 어떤 것에 빠져 있을 때는 더욱 그렇다. 이런 기질의 아이들은 사실 친구를 사귀지 못하는 것이 아니라 이미 그들에게는 책과 블록이라는 아주 친한 단짝 친구가 있는 셈이다.

사람은 누구나 다양한 방법으로 세상을 배우고 타인과 소통하는 법을 배운다. 때로는 그 타인이 사람이 아닌 '사물'인 경우도 있다. 그런 경우의 아이들은 '사물'을 통해서 세상과 소통을 하고 있는 것이다. 남과 다르다며 무조건 아이를 다그치기보다는 아이의 이런 기질을 이해하고 점차 관심의 대상이 사물에서 사람에게로 향할 수 있도록 아이의 관심사를 나누며 지속적인 관심을 기울이도록 한다.

2〉 만약 아이가 왕따를 당하면 어떻게 해야 하나요?

너무 이른 걱정이라고 할지도 모르겠지만 혹시 우리 아이가 초등학교에 들어가서 친구들에게 맞거나 왕따를 당하지 않을까 하고 걱정하는 부모들도 많이 있다. 만약 아이가 폭력이나 왕따 등에 개입됐다면 우선 담임 선생님에게 상황을 정확히 알리고 상담하는 게 가장 좋다. 부모님과 선생님은 집과 학교에서 아이에게 어떤 일이 있었는지 알림장이나 전화 등을 통해 작은 부분까지 솔직하고 자세히 묻고, 집에서는 아이가 어땠는지를 전달하며 긴밀한 관계를 유지해야 한다. 사실 선생님은 학급 안에서 어떤 일이 일어나는지 대부분 파악하고 있다. 초등학교 저학년은 담임 선생님의 세심한 학급 운영으로도 얼마든지 통제가 가능하다. 학부모가 아이의 상황을 적극적으로 알리고 상담하면 담임 선생님이 적절한 조치를 취해줄 수 있다.

3) 저학년은 우정의 실험과 탐색 단계, 진정한 우정은 고학년부터!

1, 2학년의 시기는 우정의 실험과 탐색 단계라고 볼 수 있다. 아이들은 이제 막 학교라는 공간에서 나 아닌 다른 누군가와 소통을 시작하는 상황이다. 그런데 타인과의 소통은 쉬운 일이 아니다. 아이들은 오늘은 이 친구와 친했다가 내일은 또 다른 친구와 친하게 지내기도 하고, 반대로 오늘 원수처럼 싸운 친구와 내일은 둘도 없는 단짝이 되기도 한다. 그렇게 아이들은 자신에게 맞는 방법으로 타인과 소통하는 방법을 실험하며 배워나가는 것이다.

이처럼 저학년의 탐색 단계를 거치고 나서 고학년이 되면 진정한 우정을 찾을 수 있게 된다. 실제로 고학년 시기에 단짝을 맺은 친구 관계는 저학년 때와는 달리 그 관계가 아주 깊고 오래 유지되는 것을 볼 수 있다.

2
내가 좋아하는 친구는

　여덟 살 아이들에게 친구의 의미는 무엇일까? 아이들은 어떤 친구의 모습을 좋아하고 친해지려는 것일까? 졸리고 지칠 때, 놀다가 넘어져 다쳤을 때, 빈 교실에 혼자 덩그러니 앉아 심심할 때처럼 친구가 필요한 순간은 어김없이 찾아온다. 아이들은 각각 어떤 방법으로 친구 역할을 하고 있을까?

　1학년 2반의 웃음을 책임지는 '비타민 소년 하준이', 따뜻한 손길로 친구들에게 문제가 생길 때마다 곁에서 문제를 척척 해결하는 '해결사 다인이', 편안한 미소로 친구들을 절로 모이게 하는 '친절맨 형보', 솔선수범 '슈퍼맨 서진이' 등 아이들은 모두 서로에게 필요한 존재가 되어주고 있었다.

비타민 소년 하준이

어느 나른한 오후, 지쳐 보이는 아이들과 한껏 가라앉은 교실 분위기에 활력이 필요한 순간, 에너지 넘치는 하준이는 자신의 에너지를 나누어줄 준비를 하고 박력 있는 함성과 함께 색종이 쇼를 펼친다. 하준이의 기합 소리에 무슨 일인가 궁금해진 아이들이 하준이에게 모여들고 하준이는 펀치로 찍어낸 미니 사과를 보여주었다.

민혁	우와!
민범	뭐야!
하준	이거 먹어야지! 앙~

갑자기 활기가 넘치는 교실. 지루하고 조용한 교실 분위기가 확 달라

졌다. 색종이를 먹는 시늉을 하는 하준이의 모습이 익살스럽다. 하준이 덕에 웃음 만발, 활력 가득이다. 하준이의 활력 쇼는 계속 이어진다.

하준　　　내가 유령 목소리 한 번만 내볼까? 이건 절대 안 해주는
　　　　　거야. 내 비밀인데 너한테만 보여준다!
　　　　　3 2 1 안녕하세요~

실감나는 하준이의 유령 흉내에 서진이가 웃음을 터트린다. 이내 하준이의 활력 에너지로 교실 곳곳에 웃음이 터진다. 하준이는 재치뿐만 아니라 상대방을 위한 배려도 일품이다. 등굣길, 발이 불편한 민범이를 만난 뒤에 하준이는 민범이를 대신해 가방을 들어주었다. "양말 신고 오지 그랬어"라고 안쓰러운 눈빛을 건네는 하준이의 배려에 민범이가 고마운 마음을 전한다.

해결사 다인이

친구가 누군가를 애타게 찾고 있을 때, 누군가 다쳤는데 보건 선생님이 안 계실 때 등 1학년 2반의 문제 현장엔 항상 다인이가 있다. 점심 시간에 밥을 먹다가 미란이의 밥 안에 든 날파리를 발견한 다인이는 선생님에게 요청해 미란이가 밥을 다시 받을 수 있게 해결책을 제시한다. 미란이는 다인이의 침착한 대처로 맛있는 점심 식사를 할 수 있었다.

　다인이의 문제 해결은 이뿐만이 아니다. 복도에 넘어져 다친 해나를 발견하고는 보건 선생님에게 달려가 다친 해나가 치료를 받게 도와주었다. 해나 옆에서 엄마처럼 살뜰히 살피면서 보호자 역할까지 마다하지 않는다. 이런 친구와 함께라면 어떤 일도 할 수 있을 것 같다. 친구의 위기에 안타까워하고 무심코 지나칠 뻔한 문제 상황들을 발견하고 따뜻한 마음으로 친구들을 보듬어주는 다인이다.

친절맨 형보

　존재 자체로 든든한 친구들이 있다. 그들에게는 사람을 끄는 힘이 있다. 형보는 소리 없는 강한 매력을 가진 친구다.

　독감으로 3일간 결석한 형보가 다시 등교하자 선생님과 아이들이 열

렬하게 형보를 반겨주고 있다. 민범이는 옆에 가서 꼭 끌어안고 뽀뽀까지 해줄 정도로 다시 보게 된 형보가 반갑다. 아이들이 이토록 형보를 기다린 이유는 무엇일까? 아이들이 형보를 좋아하는 이유는 형보가 친구들의 이야기를 잘 들어주기 때문이다. 도란도란 여자아이들과도 사이좋게 대화를 나누는 형보는 웃는 얼굴로 친구들의 마음까지 읽어준다. 또 책을 많이 읽고 아는 것이 많은 형보는 자신이 아는 것을 아이들에게 잘 알려준다. 잘 들어주고 잘 알려주는 형보는 친절한 태도로 1학년 2반 친구들의 마음을 사로잡았다.

1학년 2반의 매력 만점 친구들에는 서진이도 빼놓을 수 없다. 서진이는 누가 뭐라고 하지 않아도 어지러운 교실을 먼저 정리하고 솔선수범하는 모습을 보여준다. 이밖에도 발목이 아픈 서진이를 업어주는 시연

이, 활발하게 아이들과 잘 놀아주는 미란이, 실내화를 두고 온 소은이에게 실내화를 빌려주는 해나까지 아이들 모두 서로를 위하는 따뜻한 모습을 보여주었다. 서로 돕고 함께 커가는 과정을 배우는 학교에서 아이들은 또 이렇게 한 뼘 더 자라고 있다.

아이들이 가장 듣고 싶은 말

친구에게 어떤 말을 듣게 되면 기분이 좋을까? 아이들은 학교에서 가장 가까이 있는 친구와 함께 나누는 대화 속에서 많은 영향을 주고받는다. 학교 교과목 중에 하나로 상대방의 감정을 배려하는 법을 배우는 아이들. 평소에 친구가 나에게 해주었으면 하는 말에 대해 알아보기로 했다.

수줍은 얼굴 가득, 아이들이 한 명씩 나와서 발표를 하기로 했다. 발표하기 전에 친구들이 먼저 속마음을 알아맞혀보는 시간. 아이들 앞에 서서 '내 마음 알지?' 친구에게 마음속의 텔레파시를 보내는 것도 잊지 않는다. '이 말을 꼭 해주었으면 좋겠다'는 마음으로 강렬한 레이저를 발사한다.

명수가 가장 듣고 싶었던 말은 "넌 할 수 있어!". 할 수 있다는 말은 명수에게 자신감과 용기를 준다. 부모님뿐만 아니라 친구에게서도 듣고 싶은 말이다.

연진이가 듣고 싶었던 말은 "사랑해". 연진이의 단짝 채윤이가 조금의 망설임도 없이 단번에 맞혀주었다. 듣고 싶었던 말을 채윤이가 해주자 연진이의 얼굴이 금세 환해졌다.

서진이의 마음도 연진이와 다르지 않다. 서진이가 듣고 싶었던 말인 "사랑해"를 민혁이가 말하자 서진이는 자리로 돌아가면서 고마운 마음에 민혁이를 있는 힘껏 꼭 안아준다. 서로를 향한 마음은 이렇게 전해진다.

사랑해! 넌 할 수 있어!

아이들이 모두 발표하고 나서 1학년 2반 아이들의 마음속에 들어온 말을 훑어보니 1위는 "사랑해"였다. 무려 6명의 친구들이 사랑한다는 표현을 가장 듣고 싶은 말로 꼽았다. 그다음 순서로 "잘한다", "할 수 있

어", "미안해", "힘내"라는 말이 아이들이 듣고 싶은 말이었다.

이 말들은 친구뿐만 아니라 가까운 이들에게서도 듣고 싶은 말일 것이다. 사랑한다는 말, 그리고 넌 할 수 있다는 말은 언제 들어도 아이들에게 힘을 불어넣어준다. 어른들이 자주 하는 말 중에서 "난 널 믿어"라는 말이 있는데 "믿어"라는 말은 자칫 아이들에게 부담을 줄 수 있기 때문에 자신감이 생겼을 때 해주면 좋을 말이다.

나 중심에서 상대방과 친구를 이해하고 우리가 되는 것의 의미를 깨우치며 성장한 아이들. 어떤 말을 상대방이 듣고 싶어하는지, 어떤 말이 상대방의 기분을 좋게 하는지 배우며 확실하게 서로의 마음을 들여다보았다.

1. 아이들이 가장 좋아하는 친구는 어떤 아이들일까요?

아이들에게 어떤 친구가 좋으냐고 물어보면 크게 두 가지로 대답을 한다. 하나는 '착한 친구', 또 하나는 '재미있는 친구'이다. 실제로 아이들은 반장 선거를 할 때도 이런 친구에게 표를 던진다. 그런데 사실 착하거나 재미있다는 것은 매우 주관적이고 의미가 모호한 말이다. 아이들은 상대방의 좋은 점을 구체적인 언어로 자세히 표현하는 것을 어려워하기 때문에 이렇게 '착하다'와 '재미있다'는 말로 뭉뚱그려서 표현하는 것이다. 그렇다면 이 말 속에 담긴 진짜 속뜻은 무엇일까?

1〉 '착한 친구' 속에 담긴 의미

어떤 친구를 착하다고 표현할 때 '그 친구는 어떤 말을 해도 다 받아준다'는 의미가 가장 많이 담겨 있다. 도대체 어떤 친구 앞이라야 무슨 말이든 다 할 수 있게 되는 걸까? 크게 다음의 세 가지 조건이 모두 충족되어야 한다.

첫째, 어떤 말을 해도 일단 들어준다. 친구가 듣기 싫어하거나 내 말을 무시하는 것 같으면 다음엔 그 친구에게 다시 말하기 싫어질 것이다.

둘째, 내 말에 부드럽게 대꾸해준다. 말을 들어주기만 하고 대꾸가 없으면 그것도 재미없을 것이다. 그런데 여기서 대꾸한다는 것은 꼭 말로 답을 한다는 의미는 아니다. 재미있는 말에는 웃어주고, 속상한 이야기에는 함께 공감해줄 수 있는, 즉 나와 같은 감정을 나누고 그것을 표현하는 것을 말하는 것이다.

셋째, 감정 기복이 크지 않고 늘 안정적이어야 한다. 어떤 때는 내 말을 잘 들어주고 대꾸도 잘 해주다가, 어떤 때는 갑자기 화를 낸다거나 삐친다면 말하는 사람 입장에서는 당황스러울 수 있다.

착한 친구는 늘 안정적인 감정을 유지하는 친구를 뜻하는 것이기도 하다. 이런 친구 앞이라면 언제나 마음의 긴장을 풀고 기분 좋은 감정을 유지하며 대화를 나눌 수 있다. 바로 이런 친구를 아이들은 '착하다'고 느낀다.

2〉'재미있는 친구' 속에 담긴 의미

아이들은 착한 것 못지않게 재미있는 것도 정말 좋아한다. 다음의 조건들 중 한 가지만 갖고 있어도 재미있는 친구라는 말을 들을 수 있다.

첫째, 기발하고 재미있는 놀이를 먼저 생각해내는 유형이다. 개그맨의 모습을 따라하거나 톡톡 튀는 말이나 행동으로 웃음을 만들어내는 아이들이 있다. 이런 아이들 옆에는 언제나 친구들이 몰려 있는 것을 볼 수 있다.

둘째, 분위기를 재미있게 만들거나 이끌어갈 수 있는 유형이다. 전체적으로 분위기가 가라앉아 있을 때 이 분위기를 반전시킨다는 것은 쉬운 일이 아니다. 자체적으로 발산하는 에너지가 있는 아이에게만 가능한 일이다. 더불어서 다른 사람의 감정을 예민하게 읽을 줄도 알아야 한다.

셋째, 장난을 잘 받아주는 유형이다. 재미있는 모습을 먼저 보여주는 친구도 좋지만, 내가 재미있게 거는 장난을 잘 받아주는 친구도 좋은 친구다. 누구나 재미있는 것을 보는 것보다는 직접 하는 것이 더 재미있는 법이다. 내 장난의 의미를 빠르게 눈치채고 잘 받아주는 친구와 있으면 함께 보내는 시간이 즐겁기만 하다.

2. 좋은 친구 관계를 유지할 수 있게 도와주는 방법

1> 다른 사람의 감정을 이해하는 공감 능력을 키워주세요

1학년 아이들에게 친구가 생긴다는 것은 처음으로 나 아닌 타인의 존재를 받아들인다는 뜻이기도 하다. 아이들이 학교에 입학할 때쯤 되면 조금씩 자기중심적인 사고를 벗어난다. 나와는 다른 특성과 감정을 지닌 진정한 타인의 존재를 인식하기 시작하는 것이다. 아무리 친구라도 나와 다른 감정과 생각을 가질 수 있다는 것을 알면 자연스럽게 그 상황을 수용하고, 내가 하고 싶은 딱지놀이 대신 친구가 하고 싶어하는 카드놀이를 해줄 수도 있게 되는 것이다.

학교에서도 친구의 감정을 이해하는 공감능력을 가진 아이가 친구들

사이에서도 가장 인기가 좋은 것을 볼 수 있다. 이런 공감능력을 길러주기 위해서는 가정에서도 아이가 엄마의 마음을 이해하고 양보하거나 수용할 수 있는 기회를 늘려주는 것이 좋다. 지금까지는 아이의 마음을 이해해주고 아이 말을 들어주는 상황이 더 많았다면, 이제는 거꾸로 '엄마 기분이 좋지 않으니까', '아빠가 오늘은 피곤하니까' 등의 이유로 아이가 부모를 배려해줄 수 있는 상황을 늘려가는 것이 아이의 정서 발달에도 도움이 될 것이다.

2〉 친구 때문에 속상해하는 아이

아이들은 친구와 사이좋게 지낸 이야기보다 친구 때문에 속상한 일이 있었을 때 집에 와서 더 많은 이야기를 한다. 즐거울 때는 그 순간을 웃고 넘기기 때문에 남는 감정이 없지만, 친구가 놀리거나 화나게 할 때는 집에 돌아올 때까지 감정이 남아 있기 때문이다.

친구와의 갈등 상황을 이해하고 문제 원인을 파악했지만 문제를 해결해줄 수 없다는 점에서 많은 부모들은 답답함을 느낀다. 친구 관계에 문제가 생길 때마다 매번 선생님께 도움을 요청하기도 힘든 상황이다. 아이가 자라면서 친구 문제는 아이 스스로 시행착오를 겪어가며 해결방법을 찾아야 하는 아이의 몫으로 주어진다.

아이가 문제를 잘 해결할 수 있도록 부모가 도와줄 수 있는 방법은 바로 아이의 감정을 잘 수용해주는 일이다. 친구 때문에 화가 났다고 말하면 같이 화를 내며 친구 흉을 보기도 하고, 그때 정말 속상했겠다고 아이를 위로해주기도 하는 것이다. 부모가 자신의 감정을 이런 식으로 충분히 수용해주면 아이는 점점 자신이 느끼는 지금의 감정이 옳다고 여기게 된다. 친구 때문에 화가 나는 내 감정이 옳다는 믿음은 그다음 단계로 나아갈 수 있는 마음의 힘을 제공한다. 그 마음의 힘이 충분히 쌓였을 때, 아이는 당당하게 친구에게 맞서서 자신이 하고 싶은 말을 할 수 있게 되는 것이다. "그럴 때는 친구에게 이렇게 말해"라고 직접 말로 가르치는 것보다 "정말 화났겠다. 그 친구 왜 그랬을까? 나쁘네"라고 해주는 것이 훨씬 더 효과적이다.

3. 우리 아이는 학교에서 어떤 캐릭터로 생활할까요?

1> 학교에서 집과는 다른 모습을 보이는 아이들

많은 부모들은 아이가 학교에서 어떻게 생활하는지 궁금해한다. 집에서 보이는 단점들을 학교에서도 똑같이 되풀이하지는 않는지 걱정도 된다. 하지만 막상 담임 선생님과 상담을 해보면 아이가 집과는 전혀 다른 새로운 모습을 보인다는 소리를 종종 들을 수 있다. 집은 사적인 공간이지만, 학교는 아이들에게도 자신만의 사회생활을 해나가는 공적인 공간이다. 그 속에서 자리잡고 존재감을 발휘하기 위해 어떤 캐릭터를 잡고 어떻게 행동을 해야 하는지 본능적으로 느끼고 배우게 된다. 대부분의 아이들도 어떤 친구들이 인기가 있는지 잘 알고 있다. 그렇기 때문에 재미있거나 착한 아이의 부류에 들려고 노력한다. 그중에서 자신의 기질과 잘 맞아 떨어지는 유형을 고르게 되는데, 한두 번 친구들 앞에서 자신이 선택한 유형이 빛을 발하는 경험을 하게 되면 점차 그쪽 방향으로 캐릭터를 잡아가게 된다.

집안에서 막내라 언제나 챙김을 받는 위치에 있던 아이들 중, 주도적인 성향을 잠재적으로 갖고 있던 아이들은 학교에서는 정반대로 다른 친구들을 동생처럼 챙겨주고 보살펴주는 일을 주로 하기도 한다. 또는 집안 분위기가 엄격해 진중한 모습만을 보였던 아이들이 학교에서는 정반대로 활발하게 자신의 감춰졌던 끼를 마음껏 발산하기도 한다.

2〉학년이 올라감에 따라 변하는 아이들의 캐릭터 변천사

아이들이 학교에서 처음 잡았던 자신의 캐릭터를 그대로 끝까지 끌고 가는 것은 아니다. 학년이 올라가면서 다양한 변화를 겪게 되기 때문이다. 저학년 때는 일단 자신의 타고난 기질과 가장 가까운, 혹은 가정에서 익숙했던 캐릭터를 자연스럽게 보여주게 된다. 그러다 3, 4학년 때쯤 되면 서로 맞서는 캐릭터끼리 충돌하거나 갈등을 겪는 경험을 하게 되고, 그 갈등을 통해 무엇을 배우고 어떤 선택을 하느냐에 따라 최종적으로 아이들의 캐릭터가 자리를 잡게 된다.

아이의 친구 관계는 저학년 때 한 번 체크해서 마음을 놓을 것이 아니라 3, 4학년의 시기에 한 번 더 점검하여 아이가 지혜로운 선택을 잘할 수 있도록 도와주는 것이 필요하다.

3
말말말, 대화의 세계

 우리가 생각하는 초등학교 1학년의 대화는 어떤 것일까? 1학년 2반 아이들의 대화를 살펴보자. 아이들의 대화 주제는 그야말로 무궁무진했다. "몇 살부터가 '진짜 어른'인가요?", "엄마 말은 다 맞을까?", "쌍둥이를 낳을 수 있나요?" 등 엉뚱하고 재미있는 이야기가 가득하다. 과연 1학년이 생각하는 '진짜 어른'은 몇 살부터일까? 기대 이상 초등1학년의 대화의 세계를 들여다보자.

초등1학년의 이성 친구

 어느 날 아침 등굣길에 함께한 하준이와 명수의 대화가 심상치 않다.

하준	너 여친(여자친구) 있냐?
명수	아니, 나 여자친구 없어.

이게 무슨 이야기? 여덟 살 아이들이 남자 사람 친구, 여자 사람 친구가 아닌 '이성 친구'에 대한 이야기를 나누는 것이다. 초등학교 1학년에게 '여친'은 당연한 존재인 것일까? 하준이는 명수의 대답에 당황했는지 "헐~"이라는 감탄사를 내뱉었다.

아나콘다의 습격

민범	아나콘다 있잖아, 사람 몸보다 크다?
의서	진짜야? 이만 해?
민범	입이 이만큼 커.
의서	그런데 왜 이렇게 입이 커?
민범	사람도 먹을 수 있어.

민범이가 아나콘다가 사람을 잡아먹는 모습을 흉내 낸다. 아나콘다의 활약상을 몸으로 펼쳐보이며 장난치는 민범이와 의서. 무엇이 더 강한 힘을 가졌는지 과장을 섞어가며 아나콘다 잡는 방법을 민범이가 몸으로 열심히 설명한다.

몇 살부터가 어른인 걸까?

선생님이 잠시 자리를 비운 사이, 아이들만의 이야기가 펼쳐졌다. '어른 나이의 기준'을 주제로 "스무 살은 어른이다, 아니다" 논쟁에서 '결혼하는 나이'에 대한 이야기로 흘렀다. 결혼하는 나이가 정해져 있다고 믿는 아이들은 부모님이 결혼한 나이를 폭로하며 이야기를 나눈다. 아이들은 '어른'에 대해 어떻게 생각하고 있을까?

다인	난 어른이 되면 아기 낳을 거야. 아기 네 명 낳고 싶다고.
명수	아기 네 명 낳으려면 병원에만 몇 년 있어야 돼.

어른이 되면 하고 싶은 일이 많은 아이들. 그렇다면 '과연 몇 살부터를 진짜 어른이라고 부를 수 있는가?'를 두고 열띤 논쟁이 벌어졌다. 서른

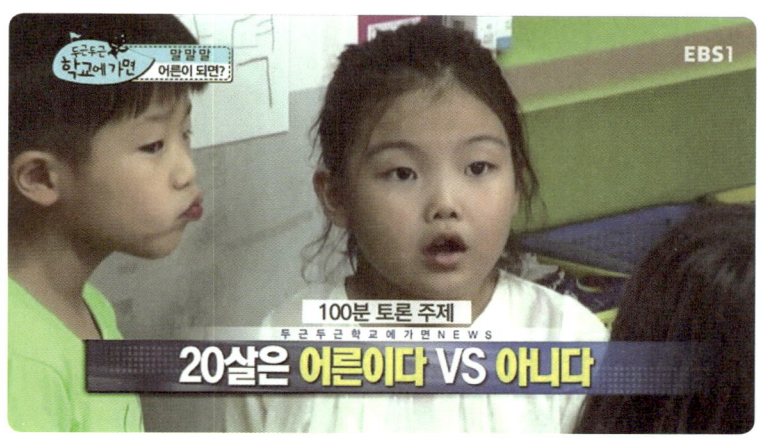

살만 어른이라고 하는 아이부터 대학을 졸업하는 나이, 엄마의 결혼 나이까지 다양한 주장이 쏟아졌다.

봄	서른 살 아니면 어른 아니지?
서진	스무 살도 어른인데.
다인	스무 살에 대학교 가는 거야. 스물다섯 살 정도 되면 대학교가 끝나. 우리 엄마는 스물다섯 살에 데이트하고 스물일곱 살에 결혼했어.
형보	야, 우리 엄마는 서른 살에 결혼했다.
아이들	(형보에게 시선 집중) 와~

이 상황을 벗어나고파

 아이들이 가장 좋아하는 쉬는 시간에는 다양한 일들이 벌어진다. 가끔은 원치 않은 '갈등'이 생기기도 하는데, 이때 아이들은 어떻게 해결할까? 채윤, 형보, 민혁이가 복도에서 뛰는 바람에 벌을 서게 되었다. 그런데 다른 반 친구가 이 모습을 보게 되었다.

친구	(지나가면서) 어? 너희 뭐하는 거야?
민혁	그냥.
친구	벌서는 건 아니고?
형보	캠페인처럼 하면서 노는 거야. 캠페인 놀이 하고 있어.

 형보가 능청스럽게 캠페인 놀이라고 대꾸한다. 창피함을 감추기 위해

캠페인이라고 둘러댄 것이다. 어쩌면 여덟 살의 자존심 문제일 수 있다.

같은 반 친구 민범이도 이 세 사람을 발견하는데 갑자기 아이들이 민범이에게 "너도 벌서!"라고 한다. 갑작스러운 봉변에 민범이는 "내가 언제! 난 뛴 적 없어"라고 당당하게 주장하지만 채윤, 형보, 민혁이를 설득하기엔 역부족이다. "나 안 뛰었어. 내가 다시 보여줄게." 위기에 처한 민범이는 민혁이가 봤다는 그곳에 직접 가서 자신이 걸었던 그 당시 상황을 재연하여 위기를 벗어났다.

갈등을 해소하기 위한 '다수결의 원칙'

아이들의 주된 갈등은 '서로 다른 게임 규칙'을 논할 때 생긴다. '무궁화 꽃이 피었습니다' 놀이를 하던 중 갈등이 생겼다. 술래가 뒤돌아보고 있을 때 터치를 해도 되는지에 대한 논쟁이 펼쳐졌는데 다인이는 '터치하면 안 된다' 서진이는 '터치해도 된다'를 주장하면서 팽팽한 대립각을 세웠다.

아이들의 '갈등'이 점점 더 깊어지자 서진이가 중재자로 나섰다. 서진이는 첫 번째 조율법으로 '가위바위보'를, 두 번째 조율법으로 '다수결 투표'를 제안했다. 아이들은 의견 충돌 속에서 자신들의 주장을 내세우고 설득하고 인정하는 가운데 만족할 만한 절충안을 만들어갔다.

아이들은 학교에서 수많은 주제를 가지고 대화를 하고 있다. 아이들은 대화를 통해 언어를 발달시키고 자신의 의견을 주장하는 법을 배우면서 사회성을 키운다. 학교에서 이렇게 많은 상호작용을 하면서 성장하고 있는 중이다.

1. 여덟 살 아이들과 대화하는 방법

아이들은 어른들처럼 인지능력이 발달되지 않아서 똑같은 말을 해도 서로 다르게 받아들이거나 그 뜻을 잘못 해석하는 경우가 많다. 이런 특징 때문에 가정에서 부모가 아이들과 대화를 할 때는 어른들의 대화와는 차별을 두는 전략이 필요하다.

1〉말보다는 표정과 행동 속에 더 많은 정보가 들어 있어요

좋은 부모는 자녀와 대화를 많이 하고, 자녀의 말에 귀 기울여주는 부모이지만 이를 실천하는 것은 말처럼 쉽지 않다. 아이와 대화를 많이 하려고 해도 아이가 입을 다물고 말을 하지 않기도 하고, 또 반대로 너무 말을 많이 해서 들어주는 데 인내심의 한계를 느끼기도 한다. 뿐만 아니라 대화 주제가 무엇이냐에 따라서도 많은 차이가 나기도 한다.

예를 들어 학교에 다녀온 아이가 표정이 좋지 않을 때 걱정이 된 엄마는 아이에게 오늘 학교에서 무슨 일이 있었는지 물어볼 것이다. 엄마는 아이의 기분을 상하지 않게 하려고 최대한 상냥한 표정으로 돌려서 말을 건네지만 아이는 엄마의 말 속에 담긴 걱정을 읽지 못하고 그저 건성으로 대답하고 만다. 더 이상 대화가 이어지지 않는 것이다. 여덟 살 아이들과 대화를 할 때는 직접적으로 주제를 언급해주는 것이 중요하다.

"어? 무릎에 반창고 붙였네. 반창고 예쁜데?"라면서 먼저 가볍게 주제를 반창고로 가져가서 아이가 반창고에 대한 기억을 떠올릴 수 있는 시간을 준다. 이때 아이가 전하는 말의 내용보다는 표정에 좀 더 집중한다. 같은 말이라도 화가 난 표정인지, 울먹울먹하는 표정인지, 대수롭지 않게 여기는 표정인지를 통해 넘어졌을 때의 상황을 알 수 있는 것이다. 아이의 감정선을 제대로 파악한다면 다음에 이어지는 대화는 훨씬 더 수월해질 수 있다.

2〉 잔소리 많은 부모가 되지 않으려면

아이가 어릴수록 뭔가를 가르치거나 잘못한 행동에 대해 야단을 치는 일이 자주 발생한다. 그런데 이런 상황도 아이는 부모와의 대화 시간으로 받아들인다. 그러다보니 자신의 생각을 잘 말하지 않는 아이 중에는 훈육의 순간에 경험한 부정적인 감정의 영향을 받아 말문을 닫은 경우도 있다. 자녀와 대화를 잘하는 부모가 되고 싶다면 칭찬을 하는 상황뿐아니라 야단을 치는 상황에 대해서도 나름대로의 전략이 필요하다.

야단을 칠 때 제일 중요한 것은 시간이다. 부모 입장에서야 할 말도 많고 답답하기도 해서 자신도 모르게 말이 길어지기 쉽다. 하지만 야단을 듣는 입장에서는 그 시간이 너무나 길게 느껴진다. 더구나 여덟 살 정도 되면 자신이 무엇을 잘못했는지, 부모가 무슨 말을 하는지도 이미 다 알고 있다.

야단을 칠 때는 되도록 1분을 넘기지 않도록 하고, 과거 행동에 대한 언급보다는 미래 행동에 대한 언급에 초점을 맞춘다. 무엇보다 다음에도 같은 일이 반복되지 않게 하는 것이 중요하기 때문이다. 잘못된 행동을 구체적으로 짚어주고, 다음에 이 일이 반복되면 어떤 벌을 줄 것인지도 함께 말해둔다. 부모가 화나는 순간에도 자신의 감정을 잘 절제하는 모습을 보이며, 엄하지만 간결하게 중요한 말로 야단을 치는 모습은 그 자체로도 아이에게는 커다란 신뢰감을 안겨줄 수 있다. 이렇게 아이의 신뢰를 얻게 되면 자녀와의 대화는 저절로 이어질 수 있을 것이다.

2. 아이들만의 대화를 존중하자

여덟 살 아이들의 말은 논리력도 떨어지고 얼토당토않은 소리로 들리기도 한다. 하지만 아이들은 그렇게 친구들과 자신의 생각을 말로 쏟아내고 대화함으로써 조금씩 앞뒤가 맞는 말로 언어를 완성해 나가는 법을 배우게 된다. '무궁화 꽃이 피었습니다' 게임을 하며 서로 규칙을 만들어 가는 모습은 실제 학교에서 아이들의 배움이 어떻게 일어나는지를 생생하게 보여준다. 아이들이 수업 시간보다 친구들과의 놀이 시간에 더 잘 배울 수 있는 까닭은 친구들 사이에서는 조금 틀려도 지적받을 염려가 없고, 또 어른들의 언어가 아닌 자기들만의 언어로 이야기하기 때문에 이해하기도 더 쉽기 때문이다. 학습에 있어서도 선생님의 친절한 설명보다 친구들과의 대화를 통해 문제를 이해하고 터득하는 경우가 종종 있다.

4
남과 여의 차이

　남자아이와 여자아이는 얼마나 다를까? 남녀 차이는 초등학교 1학년 엄마들의 고민거리이기도 하다. 남자아이를 둔 부모들은, 남자아이가 여자아이보다 여러모로 발달이 늦다는데 내 아이가 학교에 가서 치이지나 않을까 하는 걱정도 한다. 과연 남녀 차이가 부모의 걱정만큼 두드러질까? 또 남자아이와 여자아이의 차이는 어디서 오는 걸까? 초등학교 1학년 남과 여. 무엇이 얼마만큼 다른지 지켜보고, 아이들을 어떻게 이해하고 대해주어야 하는지 배우는 시간이다.

운명의 팔씨름 대결

평화로운 어느 오후, 1학년 2반 아이들의 팔씨름 한판이 벌어졌다.

방과 후 교실에서 민범이는 옆반 친구 지윤이를 만나 반갑게 인사하더니 팔씨름을 제안했다. 과연 누가 이길까? 지윤이는 마지못해 민범이의 제안에 응수하듯 팔씨름을 했는데 예상 외의 반전이 벌어졌다. 지윤이가 승리한 것이다. 당연히 남자아이가 힘이 세서 남자아이가 이길 줄 알았는데 뒤집어졌다. 나도! 나도! 어느새 남자 대 여자의 대결 구도로 팔씨름에 불이 붙었다. 이번에는 의서와 해나의 대결! 이번에도 여자아이인 해나의 승리다. 해나와 서진이의 대결에서 서진이가 이기고 1학년 2반 팔씨름의 하이라이트, 시연이와 서진이의 한판이 시작되었다. 두 손을 맞잡은 아이들의 표정이 결연하다. 팽팽한 접전이 이어지고 결과는 시연이의 승리! 힘깨나 쓴다는 남자아이들도 같은 반 여자아이와의 대결에서 속수무책으로 당하고 만다.

또다시 시작된 닭싸움 대결

팔씨름에 이어 닭싸움 대결이다. 팔씨름의 패배를 뒤집고 닭싸움은 잘할 수 있을까? 닭싸움은 한쪽 다리를 잡고 한쪽 다리로 균형을 이루면서 상대방을 밀어붙여야 하기 때문에 신체의 균형잡기가 중요하다. 하지만 신체의 균형은 여자아이가 더 빨리 발달하기 때문에 이번 싸움도 예측불허다.

의서의 도전! 호기롭게 의서가 밀어붙였지만 바로 엉덩방아를 찧고 뒤로 넘어졌다. 집에서는 아빠가 힘이 세니 당연히 남자아이가 셀 것이라고 생각했는데 1학년 2반 교실 속 모습은 완전 딴판이다. 상대 여자아이의 가벼운 선제공격에 와르르 넘어지며 남자아이들의 호기로운 도전장이 머쓱해졌다.

내 자리는 어디에?

1학년 아이들의 공간지각능력은 어떨까? 방학을 보내고 오랜만에 교실로 온 친구들을 살펴보자. 채윤이는 교실로 들어서자마자 어디로 향할까? 한결 더 예뻐진 얼굴로 2학기를 맞은 채윤이는 망설임 없이 자기 자리를 찾아간다. 정확하게 한 치의 망설임도 없다. 미란이 역시 자기

자리를 잘 찾아간다. 방학이라는 한 달의 공백 기간이 있었지만 전혀 자기 자리를 잊지 않았다.

남자아이인 민범이는 어떨까? 조금은 어리둥절 두리번거렸지만 가만히 교실을 둘러보더니 자기 자리에 가서 앉는다. 다음 타자는 명수! 하지만 명수는 자기 자리가 기억이 나지 않는다. 내 자리가 어디였지? 교실 한모퉁이에서 고민에 빠진 명수. 한참 자리에 서서 갈 곳 잃은 명수에게 저 멀리 떨어져 있던 채윤이가 다가와 자리를 알려주었다.

여자와 남자의 놀이 시간이 달라요

중간 놀이 시간, 소꿉놀이가 한창인 여자아이들 무리 속에서 "따르르릉~" 전화벨이 울린다. 자체 효과음을 동원한 전화 통화 상황극이 시작되었다. 각본 없이 즉석에서 연출되는 상황이라는 것을 믿기 어려울 정도로 자연스럽다.

    채윤   언니, 미국에서 뭐 하게?
    소은   뭐 하긴! 미국에서 연애하지.
    채윤   남자친구 생겼구나!

시공간을 초월해 수준 높은 대화를 이어가는 아이들. 미국 갔다, 제주도 갔다 바쁜 일정에 교실은 순식간에 비행기도 되었다가 해변가도 되면서 대화가 끊임없이 물 흐르듯 이어진다. 그렇다면 남자아이인 형보와 민범이의 놀이는 어떨까? 이 두 친구는 대화를 거의 하지 않고 서로를 툭툭 치면서 몸을 부딪치며 놀고 있다. 말이 없어도 재밌다는 듯 깔깔깔 웃으면서 툭툭 치는 놀이를 다시 시작한다. 관찰력이 좋은 여자아이들은 금세 상황을 파악해서 섬세하게 자신의 놀이로 적용시키고, 남자아이들은 일단 신체를 활용해 부딪치면서 레슬링을 하거나 달리기, 붙잡기 놀이를 하면서 자신들의 놀이를 만들어갔다.

남자 vs. 여자! 살벌한 남녀 전쟁

"우리 지금! 전쟁이 일어났거든!" 1학년 2반에 전쟁이 선포되었다. 이름하여 남녀 전쟁. 1학기 초만 해도 남자, 여자를 구별하지 않고 놀던 아

 이들이 2학기가 되자 점점 동성 친구들을 찾아 또래 문화를 형성하기 시작했다. 그러던 어느 날 아침, 장난처럼 시작된 '여자팀 남자팀' 편 가르기 놀이가 사뭇 진지해졌다. 그런데 채윤이가 남자, 여자 둘 다 좋다고 하니 여자아이들의 목소리가 커졌다.

해나　　　　안 돼. 하나만 골라야 돼. 남자야? 여자야?
연진　　　　너 여자팀이 좋아? 남자팀이 좋아?

　중립은 없다. 남자팀이냐, 여자팀이냐. 단 한 번의 기회와 선택만 있을 뿐. "좋아! 너 여자팀 해!" 하며 한 명 두 명씩 모여 팀이 결성되고 기어이 전쟁마저 선포되었다.

단짝 친구 너와 나!

　단짝 친구인 연진이와 채윤이. 등교부터 방과 후 수업까지 손을 꼭 붙잡고 복도를 걸어가고 어디를 가든 함께다. 항상 같이 있고 싶고 같이 놀고 싶은, 서로의 마음이 통하는 친구다. 서진이와 다인이도 1학년 2

반의 소문난 단짝 친구다. 하지만 어느 날 사소한 말다툼으로 이 둘에게 위기가 찾아왔다. 급기야 눈물을 펑펑 쏟은 다인이. 어떡하면 좋을까?

여자아이들은 속닥속닥 비밀도 나누고 쪽지를 주고받으며 서로 '베스트 프렌드'임을 확인한다. 둘만의 깊이 있는 관계를 확인하며 특별한 감정을 주고받는 것이다. 냉전기류가 흐르는 두 사람. 하루 종일 마음이 불편하기만 하다. 다른 친구들과 어울리면서도 시선은 어쩔 수 없이 서로에게 향한다. "서진아, 도와줄까?" 서진이에게 다가가 먼저 화해를 청한 다인이의 손길로 마음을 연 서진이. 두 친구는 언제 그랬냐는 듯 다정하게 서로를 꼭 껴안아준다.

1. 남자아이를 둔 부모가 알아두면 좋은 점

남자아이들은 여자아이들에 비해 신체능력과 인지능력 모두 발달하는 속도가 조금 늦는 경우가 많다. 그러다보니 초등학교 저학년 때까지는 전반적으로 남자아이들이 학교생활 적응이나 학습 면에서 더 어려움을 겪는 것이 사실이다. 그러나 이것은 어디까지나 성장발달 속도에 의한 차이일 뿐, 고학년만 되어도 상황은 많이 달라진다. 혹시라도 저학년 시기에 자칫 열등감을 느끼게 될지도 모를 남자아이들을 위해 부모가 도와줄 수 있는 점들은 무엇일까?

1> '힘'에 대한 동경이 시작되는 시기

남자아이들은 성별에 대한 인지가 시작됨과 동시에 남자의 상징인 '힘'에 대한 열망도 커지게 된다. 그런 마음이 유아기의 자기중심적인 사고와 맞물려 특징적인 행동들을 보인다. 아이들의 이런 생각은 누가 굳이 말해주지 않아도 친구들과의 생활을 통해 조금씩 스스로 깨닫게 된다. 바로 그 스스로 깨닫는 시기가 인지 발달이 이루어지는 때이다. 아직 때가 되지 않은 아이에게 지나치게 현실적인 지적은 자칫 스스로에 대한 열등감으로 번지는 부작용을 낳을 수도 있다.

2〉건강한 남성성을 통해 자아 존중감 키워주기

요즘은 자존감 높은 아이로 키우기 위해 "네가 최고야!"라는 말을 많이 해주는 부모도 많이 있다. 무엇이든 너무 부족하거나 넘치는 것은 문제가 되는 법이다. 학교에서도 이렇게 넘치는 사랑을 받는 아이들은 다른 부작용을 보이게 된다. 은연중에 자신이 최고라는 생각을 갖고 있다 보니 팔씨름, 닭싸움 등에서 지게 되었을 때, 그 상실감을 견디지 못하고 엉엉 울어버리거나 상대편이 반칙을 썼다며 강하게 우기는 식으로 과한 감정 표현을 하게 된다. 한두 번이야 그럴 수 있지만 매번 이런 상황이 반복되면 친구들도 점점 같이 노는 것을 꺼리게 된다.

남자아이들 중 가장 건강한 경우는 자신이 힘이 세다고 느끼면서도 그 힘을 마음대로 사용하면 안 된다는 생각을 함께 가지고 있는 아이들이다. 그런 아이들은 팔씨름에서 져서 속상해도 '괜찮아, 다음에 이기면 되지 뭐'라고 생각할 줄 안다. 또 지나치게 경쟁에 몰입하여 꼭 이기려고만 드는 친구에게는 적당히 져줄 줄도 아는 눈치도 있다. 무엇보다 자신보다 힘이 약한 친구에게는 더 관대하게 대할 줄 안다. 이런 아이들은 시간이 지나면 친구들이 먼저 그 진가를 알아보고 무엇이든 같이 하자고 찾곤 한다.

2. 여자아이를 둔 부모가 알아두면 좋은 점

여자아이들은 남자아이들에 비해 신체적, 인지적 발달이 빠르다보니, 스스로 알아서 하는 부분이 많아 부모 입장에서는 조금 안심되는 면이 있다. 하지만 여자아이를 둔 부모라고 해서 편하기만 한 것은 아니다. 부모가 챙겨주고 신경써야 할 부분은 적을지 몰라도 대신 감정적인 요구를 받아줘야 하는 일이 훨씬 많다. 감정적인 요구는 정말 예민하고 까다롭고 복잡하기 때문에 잘 응해주고 싶어도 뭘 어떻게 해주어야 할지 모르는 경우가 많아 답답할 때도 많다. 어떻게 하면 이런 여자아이들의 마음을 잘 이해하고 도와줄 수 있을까?

1〉 '관계'에 대한 요구가 강해지는 시기

여자아이들의 놀이는 매우 섬세하다. 그런데 그 상황을 잘 들여다보면 대부분 상대방과의 관계에 치중해있는 것을 볼 수 있다. 혼자 놀기보다는 친구들과 말과 감정 등을 주고받으면서 노는 것이다. 여자아이들이 좋아하는 놀이가 닭싸움, 팔씨름이 아닌 전화놀이, 소꿉놀이, 인형놀이인 것을 봐도 알 수 있다.

학교에서도 여자아이들은 무엇을 하든 항상 친구와 함께 한다. 심지어 화장실을 갈 때도 꼭 같이 가는 친구가 있을 정도이다. 여자아이들은 주로 스티커, 수첩 등의 작고 소소한 물건들을 주고받으며 관계를 형성하는데, 마음이 상하는 일이 생기거나 관계가 틀어져버리면 전에 주고받았던 물건들을 모두 돌려달라며 싸움이 벌어지기도 한다.

가정에서도 상황은 비슷하다. 이런 마음을 모르고 아이가 준 스티커를 소홀히 여겼다가 방바닥에 떨어진 것을 아이가 발견하기라도 하는 날엔 상황이 매우 악화될 수 있다. 얼굴엔 부정적인 감정이 가득한데 왜 그러냐고 물어도 대답을 하지 않고, 계속 부모 곁을 맴돌면서 심기를 건드리는 행동을 한다. 차라리 스티커 때문이라고 말을 하면 좋은데, 아이는 절대 말을 하지 않는다.

이럴 때 어떤 부모는 자기 마음대로 하는 이기적인 아이가 될까봐 걱정되는 마음에 야단을 치거나 일부러 감정을 받아주지 않기도 한다. 하지만 아이의 이런 행동은 누군가 내 마음을 알아줬으면 좋겠고, 내 편이 돼주면 좋겠다는 관계에 대한 요구가 강해졌을 때 나타나는 행동이다. 따라서 부정적으로 반응하기보다는 세심하게 아이의 감정을 살피는 것이 필요하다.

2〉 타인과의 건강한 관계 형성을 통해 자아 존중감 키워주기

아이가 상처입는 것이 안쓰러워 부정적인 감정에 더 민감하게 반응하며, 요구하는 것은 되도록 들어주고 아이 기분을 풀어주려고 노력할 경우 부작용을 낳기도 한다. 이런 경우 아이는 학교 친구들에게도 이런 반응을 당당하게 요구하여 놀이를 할 때도 자기 마음에 들지 않으면 금방 삐치거나 가정에서와 다른 환경에 어찌할 바를 모르고 친구들과 어울리지 못하기도 한다.

여자아이들 중 가장 건강한 경우는 자신의 감정이 정당하다고 느끼면서도 동시에 다른 사람의 감정은 자신과 다를 수 있다는 생각을 함께 가지고 있는 아이들이다. 가정에서 부모가 아이의 감정을 수용해주면서도, 동시에 부모가 느끼는 반대 감정도 아이에게 표현하며 합일점을 찾는 훈육을 한 경우이다. 이런 아이들은 친구와 갈등 상황에서 먼저 당당하게 자신의 입장을 말하지만 그런 후엔 친구의 생각을 물어보거나 조용히 들어줄 줄도 안다. 어떤 때는 현명하게 먼저 해결책을 제시하기도 한다. 이런 아이들은 친구들 사이에서도 존중을 받으며, 반에서 가장 인기 있는 위치를 차지하곤 한다.

아이들이 여자팀, 남자팀으로 나누는 행동을 하는 것은 이 시기에 '이성'에 대한 인식이 시작된다는 것을 의미한다. 이성에 대한 인식은 사실 자신의 성에 대한 인지에서 비롯된 것이다. 이제야 비로소 내가 남자 또는 여자이고, 그런 성을 가졌다는 것이 사회적으로 어떤 의미인지를 인지하기 시작한 것이다. 그렇기 때문에 아이들은 남자이면서 여자 편을 드는 것은 남자인 것을 부정하는 뜻도 함께 담겨 있다고 생각한다.(그 반대의 경우도 마찬가지이다.) 그런 특성으로 더욱 성별로 편을 가르는 경향이 생기는 것이라고 이해할 수 있다.

5
고민 있어요

　여덟 살 아이들에게는 어떤 고민이 있을까? 아직은 아무런 고민 없이 인생을 바라볼 것 같은 1학년에게도 고민은 있다. 자칫 별것 아니라고 생각할 수 있지만 아이들은 예상과 달리 우리가 생각하지 못했던 무게의 고민을 안고 있을 수 있다. 아이들의 숨겨진 고민을 공개하는 시간!

1학년들의 고민은 무엇일까

　고민을 적어내는 시간. 골똘히 '나의 고민은 무엇일까?'를 고민하는 아이들. 어떤 고민을 적어낼까 이리저리 생각을 한다. 고민 없는 아이도 물론 있다. 이 시간 고민이 없다는 것이 바로 고민 중의 고민.

민범	선생님, 전 고민이 없는데요.
선생님	잘 생각해보세요. 밥 먹을 때라든지 누나랑 싸우지는 않는지.
민범	누나도 좋고 밥도 맛있고. 전 없는데 어떡해요?

하지만 생각해보니 민범이도 고민이 있다! 아이들 모두 자신의 고민을 적고 발표의 시간이 되었다. 아이들은 무슨 고민을 적었을까? 일방적으로 자신의 이야기만 할 것 같은 아이들이 친구의 고민을 들어주고 해결책을 내놓았다.

첫 번째 고민 의뢰

민범	피아노 학원을 계속 다니고 싶은데 새끼손가락이 아파요.
해결책	일단 병원에 가보고 피아노 학원 가는 요일을 줄인다. '어느 요일을 빠져야 할까?' 해결책을 들은 민범이의 머릿속이 바빠졌다.

두 번째 고민 의뢰

서진	형이 있어서 고민이에요. 학교를 같이 가고 오는데 안 기다려주고 먼저 가버려요.
해결책	형의 속을 뒤집어놓으라는 터프한 해결책까지! 딱 떨어지는 해결책은 없었지만 아이들은 서진이의 고민에 공감하

면서 서진이에게 힘을 실어주었다. 선생님이 지켜보다가 형과 다시 진지하게 이야기해보라는 해결책을 제시해주었다.

세 번째 고민 의뢰

소은	댄스 학원에 새로 온 친구가 춤을 잘 못 춰서 고민입니다.
해결책	친구가 춤을 잘 출 수 있도록 소은이가 도와주기! 소은이는 만족스럽게 해결책을 받아들였다.

네 번째 고민 의뢰

누리	무서운 꿈을 꾸는 것이 고민이에요.
해결책	아이들은 저마다 기발한 해결책을 제시했다. 그중 누리의 마음에 든 것은 자기 전 책을 읽고 좋은 그림을 그리면 무서운 꿈을 꾸지 않을 수 있다는 해결책!

아이들은 뿐만 아니라 "쉬는 시간이 짧아요", "청소도구가 없어서 고민이에요" 등 각양각색의 고민을 털어놓았다. 친구들의 고민을 듣고, 해결해주기 위해 '일일 고민 해결사'가 된 1학년 2반 친구들. 아이들은 수업 시간 내내 친구들의 고민에 집중하고 공감하면서 자신의 경험까지 털어놓으면서 해결책을 제시해주었다. 함께해주는 친구들의 마음만으로도 충분했던 것일까. 고민을 털어놓은 아이들은 고민이 해결되었다며 밝게 웃으며 자리에 돌아갔다.

씩씩한 민혁이의 진짜 고민

운동도 잘하고 활기찬 인기남, 민혁이는 학원에 가야 하는 것이 고민이었다. 자기 마음대로 쉬고 싶다며 학원 차가 오기 전에 자기를 빼돌려서 집에 데려다달라는 민혁이. 그만큼 학원에 가는 것이 민혁이에게는 버거운 일이었나보다. 민혁이는 제작진에게 남몰래 속 깊은 고민을 털어놓았다. 민혁이의 고민 이면에 감추어진 마음을 조심스럽게 더 들어보았다.

민혁	엄마가 보고 싶어요. 아침에도 엄마를 못 봤는데 학원에 가지 않고 집에 가면 엄마를 볼 수 있잖아요.

엄마의 따뜻한 손길이 그리워 민혁이는 학원에 가기 싫었던 것이다. 엄마가 아침 일찍 출근해 아침에도 못 봤는데 저녁에도 볼 수 없다니! 민혁이는 엄마가 너무나 보고 싶다. 대한민국 워킹맘들의 마음을 찡하게 만든 민혁이의 고민. 맞벌이를 하는 엄마의 마음속에도 항상 민혁이가 있다. 학교에서 잘 지내고 있는지, 친구들과 사이좋게 어울리고 있는지, 아이에 대해 항상 궁금하고 함께하고 싶어하는 것이 엄마의 마음이다. 함께하지 못한 시간만큼 엄마의 사랑은 나머지 시간들 중 깊이 채워질 것이다.

1. 아이 학원 현명하게 보내는 방법

1> 아이에게 맞는 좋은 학원 고르는 방법

아이를 학교에 입학시키고 나면 곧바로 따라오는 고민이 바로 학원에 대한 것이다. 일단 학원을 보낼지 말지부터 고민이 시작된다. 아이를 편하게 해주고 싶어서 안 보내자니 남들 다 다니는데 우리 아이만 뒤처질 것 같고, 보내기로 마음을 먹었다고 해도 도대체 어떤 학원이 좋을지 주변의 넘쳐나는 정보에 더 헷갈리기만 한다.

저학년 때의 학원 선택은 교육 과정이나 시스템보다 더 중요한 변수가 따로 있다. 바로 '선생님'이다. 아무리 유명한 브랜드의 학원이고 시스템이 훌륭하다고 해도, 저학년 내용은 사실 수준이 그리 높지 않기 때문에 큰 차이가 나지 않는다. 대신 아직 아이들이 어리다보니 직접 대면하는 선생님과의 상호작용에서 배움의 변수가 크게 발생한다. 따라서 무엇보다 우리 아이와 기질이 잘 맞는 선생님을 고르는 것이 우선이다. 예를 들어 낯가림이 심하고 소극적인 기질의 아이라면 너무 활달하고 쾌활한 선생님보다는 찬찬히 아이를 살펴봐주고 느긋하게 아이를 따라가줄 줄 아는 선생님이 더 좋다. 그래야 아이도 긴장감을 풀고 배우는 내용에 집중할 수 있다.

반대로 활발하고 신체적인 활동을 좋아하는 기질의 아이라면 아이들과 농담도 잘하고 게임도 함께하면서 즐길 줄 아는 선생님이 더 좋다. 그래야 아이도 신나는 마음에 배움도 부담 없이 받아들일 수 있다. 학원은 학교와 달리 부모의 선택이 가능한 곳이다. 사전상담을 통해 아이를 가르칠 담당 선생님을 확인하고, 등록 전에 예비 수업을 받아보고 결정하는 것도 좋은 방법이다.

2> '학원 다니기 싫어요'라고 한다면

잘 다니던 학원을 갑자기 다니기 싫다고 아이가 말할 때, 부모의 반응은 양육방식에 따라 크게 두 갈래로 나뉜다. 먼저 '아이의 의사를 존중해주는 것'을 중요하게 여기는 부모는 싫다는데 굳이 억지로 보낼 필요가 없다고 생각한다. 아이가 학원에서 무엇을 배우든지 신나고 재미있는 시간을 보내는 것이 더 중요하다고 생각해서 아이의 의사를 최대한 반영하려고 노력한다.

반면 '꾸준하고 성실한 행동'을 중요하게 여기는 부모는 한 번 다니기 싫다는 말을 들어주면 다음에도 버릇이 될 것 같은 걱정이 먼저 앞선다. 무엇이든 한 번 시작하면 꾸준히 해야 결실을 맺는 법이고, 중간에 그만두는 것은 시작하지 않은 것보다 못하다는 생각이 든다. 지금까지 배운 것이 아까워서라도 아이의 마음을 잘 다독여 목표한 결실을 맺을 수 있게 해주고 싶은 마음이다.

하지만 학원을 가기 싫다는 고민에 '학원을 그만둔다', '계속 다닌다' 두 가지 선택만 있는 것은 아니다. 아이들은 멀쩡히 잘 다니다가도 유난히 가기 싫은 날도 있는 법이다. 따라서 아이가 학원에 가기 싫다고 한다면 먼저 1주일만 더 다녀보고 결정하자고 말하고 1주일 후에도 같은 마음이라면 그때 결정을 해도 늦지 않다. 단, 나중에 버릇이 될 것이 걱정된다면 학원을 등록할 때 무조건 3개월은 다니기로 약속을 하고 시작한다. 3개월 정도면 습관이 정착될 수 있는 충분한 시간이므로 처음에는 낯선 마음에 다니기 싫었더라도 충분히 마음이 바뀔 수 있다.

또 반대로 3개월이 지나도 아이 마음이 바뀌지 않는다면 학원이 맞지 않는다는 충분한 증거로 판단할 수도 있다. 중요한 것은 어떤 문제가 있을 때 성급하게 결정하지 않는 것이 시간을 두고 생각해보고 근거를 들어 판단하며 선택하는 부모의 문제 해결 과정을 보면서, 아이도 자연스럽게 스스로의 고민을 합리적으로 해결하는 법을 배우게 된다.

그리고 초등 저학년 때는 아이의 체력적인 면을 고려해 너무 많은 학원은 다니지 않는 것이 좋다. 설령 아이가 원하더라도 적절히 안배해서 학원 수를 조정해주도록 한다.

2. 고민을 스스로 해결할 수 있는 아이로 키우는 방법

아이마다 나름대로의 문제 해결 방식이 있다. 어떤 아이는 똑부러지게 현실적인 해결책을 제시하는가 하면, 어떤 아이는 매번 엄마와 함께 해결하는 방법을 제시하기도 한다. 또 어떤 아이는 현실과는 다소 떨어지는 엉뚱한 방법을 내놓는다. 아이들은 아직 어리기 때문에 고민 해결의 많은 방식을 부모와의 상호작용에서 배운다. 그렇다면 합리적이고 현실감 있게 고민 해결을 할 수 있는 아이로 키우려면 부모가 어떻게 도와주면 좋을까?

1〉 진짜 고민과 가짜 고민

학원에 가기 싫다고 말한 민혁이의 고민은 사실 알고보니 엄마가 보고 싶은 이유가 더 컸다. 민혁이의 '학원 가기 싫다'는 가짜 고민이었고 진짜 고민은 '엄마가 보고 싶다'였던 셈이다. 사람 마음은 누구나 그렇다. 이유는 따로 있는데, 막상 그 마음이 다른 곳에서 엉뚱하게 쏟아져 나오기도 한다. 따라서 아이들이 어떤 고민을 이야기했을 때, 그것이 진짜 고민인지 가짜 고민인지를 먼저 살펴보는 것이 중요하다.

첫째, 아이의 고민을 들어주고 '그랬냐고 힘들었겠다'고 감정을 수용해준다. 둘째, 바로 해결책을 제시해주지 않는다. 만약 민혁이에게 부모가 바로 학원을 끊어주는 해결책을 제시했다면 영영 아이의 진짜 속마음은 알 수 없었을 것이다. 대신 아이가 얼마나 잦은 빈도로 그 고민을 반복하는지, 특히 어떤 상황에서 아이가 그 말을 하는지를 시간을 두고 살펴본다. 셋째, 그렇게 살펴보다 아이의 진짜 고민을 알게 되면 그때 해결책을 제시한다. 이렇게 아이가 하는 말의 진짜 속뜻을 잘 헤아릴 줄 아는 훈련이 필요하다.

서천석 박사의
토닥토닥 공감 한마디

*

활발한 아이도 있고 조용한 아이도 있습니다.
새침데기도 있고 장난꾸러기도 있습니다.
아이들은 각자 자신이 갖고 있는 기질이 있습니다.
학교라는 공간에서 아이들은 다양한 성격의 친구를 만납니다.
그러면서 사람을 이해하고 자신을 이해하게 됩니다.
자신과는 다른 해결책을 내는 아이를 보며 다양한 생각과 해결 방법을 배우게 됩니다.
자신과 다른 사람과도 어울려 사는 법도 배워나가고요.
만약 문제의 정답을 찾는 것이 목표라면 굳이 학교가 필요하지 않을 수 있겠죠.
하지만 학교가 있기에 아이들은 사회를 배우고,
사람을 배우고, 스스로와 타인을 이해하는 법을 배우게 됩니다.

*

부모들은 자신의 아이가 작은 상처도 받지 않고 크기를 바랍니다.

하지만 아이가 학교에 가서 친구들과 생활하다보면 상처도 받게 됩니다.
관계 속에서 받는 상처는 아프기도 하지만 아이들을 성장시키는 성숙의 계기가 되는 경우도 많습니다. 갈등을 경험하고 상처를 주고받으며 아이는 타인을 이해할 수 있는 힘을 키우지요.
상처를 받지 않고 성장한 사람은 감정이 깊지 않습니다.
아무런 고통과 갈등이 없는 환경이 아이에게 이로운 것은 아닙니다.
아이가 상처를 통해 감정이 깊어지고, 타인을 더 많이 이해하고
정신적으로 더 성장할 것이라고 믿고 바라봐주세요.

*

아이들은 친구와 함께하면 도전해볼 마음이 생깁니다.
어른들은 아이가 친구들에게서 뭘 배울 수가 있겠냐고 의심합니다.
어른들이 보기에는 다 비슷한 수준이니 배울 점이 없다고 생각하죠.
그래서 어른들은 자신이 가르치려 듭니다.
어른이 정리해서 가르쳐야 아이가 쉽게 받아들이고 빨리 배울 수 있다고
생각하죠.
하지만 아이들의 눈높이에서는 어른들이 하는 것은 너무 어렵게 보입니다.
하지만 친구들이 하는 것을 보면 '나도 할 수 있겠다', '나도 한번 도전해보

자'는 마음을 가지게 됩니다.

아이들끼리 서로 설명해줄 때는 같은 눈높이에서 설명을 합니다.

결국 아이들은 친구들에게 더 잘 배웁니다.

친구끼리 배우면서 터득해가는 것이 어른들의 가르침보다 도움이 될 때가 많습니다.

*

초등1학년 때는 여자아이의 발달이 남자아이보다 상대적으로 빠릅니다.

인지나 정서 발달은 물론 신체적인 발달이나 운동 발달도 빠릅니다.

이 무렵에는 어른들이 생각하는 것처럼 여자아이가 남자아이보다 연약하지도 않습니다.

오히려 남녀 집단 간의 차이보다는 개인 간의 차이가 훨씬 큽니다.

여자라고 지나치게 보호하거나 남자라고 참으라고 하지 마세요. 아이들에게 성에 대한 잘못된 인식을 심어주고 부당하다는 느낌을 줄 수 있어요.

편견 없이 동등하게 아이들을 대해주세요.

*

교육이란 지식의 일방적인 전달이 아닙니다.

학습이란 책에 나온 지식을 머리에 넣는 것이 아닙니다.

함께 대화하고, 경험하면서 온몸으로 배우는 것이 교육이고 학습입니다.
단순한 지식, 일방적으로 전달된 지식은 오래 가지 않습니다.
경험을 통해 몸으로 익힌 지식이라야 오래 남습니다.

*

부모는 아이가 고민을 얘기하면 다 해결해주고 싶습니다.
하지만 아이의 고민이라고 해결이 쉽지는 않습니다.
바로 해결할 수 없고 시간을 두고 아이가 성장해야 해결이 되는 일도 많죠.
그래서 적잖은 부모들이 아이의 고민을 아는 것을 괴로워합니다.
무력감을 느끼고 답답하니까요.
하지만 아이들이 바라는 것은 꼭 해결이 아닙니다.
그저 자기 곁에서 진지하게 들어주는 것만으로도 아이는 만족합니다.

"고민은 살면서 계속 생기는 것이고. 우리는 해결책을 찾아가는 거야.
가끔은 고민이 해결이 안 될 수도 있지만 시간이 지나면 해결할 수 있게 돼."

이런 낙관적인 마음을 부모가 먼저 아이에게 보여주세요.
이런 마음으로 아이를 대해주시면 아이도 고민을 두려워하지 않게 됩니다.
고민 속에 머무르기보다 해결책으로 한 발 나아가는 사람으로 성장합니다.

Part 5

두근두근
이만큼 자랐어요

입학식 날 긴장 가득했던 아이가
어느새 훌쩍 자랐습니다.

신발 끈이 풀어지면 야무지게 다시 매고
한 개도 넘지 못했던 줄넘기도 연달아 성공합니다.
엄마에게 "나 괜찮아"라는 말도 먼저 건넬 줄 압니다.

처음에는 불안했지요.
하지만 아이는 부모보다 더 강했어요.
벌써 이만큼 훌쩍 자랐는걸요.

아이가 부모에게, 이제는 이렇게 말합니다.

"넌 할 수 있어, 라고 말해주세요.
그럼 우리는 무엇이든 될 수 있지요.
큰 꿈이 열리는 나무가 될래요.
더없이 소중한 꿈을 이룰 거예요."

이제부터가 시작입니다.
아이들 마음속에 차곡차곡 쌓이는 배움의 성장을
믿음으로 지켜볼게요.
두근두근 여덟 살은 이렇게 성장합니다.

1
나를 보여주고 싶어요

부모님을 초대해서 재주를 뽐내는 학예회가 아닌 아이들끼리의 장기 자랑 현장이 공개됐다. 초등학교 1학년이 열광하는 장기는 무엇이고 아이들이 친구들에게 가장 보여주고 싶었던 장기는 어떤 것이었을까? 또 1학년이 좋아하는 장기 자랑과 어른들이 생각하는 장기 자랑은 같은 것이었을까? 눈부신 태양과 파란 하늘이 감싼 가을날. 1학년 2반 아이들의 장기 자랑이 시작되었다.

열광의 장기 자랑 현장 - 실뜨기

장기 자랑을 위해 서서히 완성되는 무대에 아이들이 동그랗게 모여

앉았다. 드디어 무대 중앙에 시연이와 서진이가 등장하였다. 이 둘이 펼칠 장기 자랑이 궁금해 아이들도 몰려들기 시작하는데 시연이와 서진이가 보여줄 장기는 무엇일까? 모두의 예상을 깨고 아이들이 보여준 장기는 실뜨기! 하지만 실뜨기라고 무시할 수는 없다. 오래전에나 하던 놀이라고 여겨진 실뜨기가 요즘 아이들에게 굳건히 인기를 유지하고 있었던 것이다.

실뜨기에서 두 친구는 무시무시한 집중력으로 현란한 손놀림을 보여주었다. 1단부터 시작해서 벌써 20단! 지금까지 1학년 2반의 최고 신기록인 해나의 30단을 뛰어넘을 수 있을까? 드디어 시연이와 서진이가 30단을 넘어 초등1학년 부문 실뜨기 최고 기록을 경신했다! 새로운 신기록을 향한 눈빛이 매섭다. 40단! 40단! 40단을 외치는 아이들의 응원 열기도 뜨겁다.

결연한 눈빛으로 신기록에 도전하는 시연이와 서진이. 50단을 향해 가던 찰나, 손에서 풀린 실뜨기 실! 그러나 46단의 실뜨기 기록으로 1학년 2반 신기록을 세웠다.

나를 표현하는 이 순간

　발레를 연습한 소은이는 황홀경에 빠진 듯한 표정을 담아 발레 장기를 보여주었다. 소은이는 고난이도의 턴까지 깔끔하게 마무리하면서 장기 자랑을 완성하였다. 표정 연기가 일품인 소은이의 장기는 아이들의 열렬한 박수를 받았다. 소은이의 뒤를 이어 도복을 멋있게 갈아입은 민혁이는 패기 넘치는 합기도 동작으로 아이들의 열띤 호응을 얻었는데 도복을 입은 친구의 모습에 모두 감탄사를 연발했다.

소은	(눈이 휘둥그레) 이거 뭐야?
민범	너 경찰 같아~!
아이들	보여줘. 보여줘.

발걸기를 시도하고 돌려차기까지 이어진 빠르고 날렵한 동작에 아이들은 모두 놀라고 여자아이들의 탄성 가득한 애정 공세가 쏟아진다. 남자아이들은 부러운 눈길을 보내고 여자아이들은 환호성까지 지른다. 순식간에 여자아이들이 민혁이 주위를 둘러쌌다. 민혁이의 어깨가 왠지 으쓱하다.

장기 자랑 시간에 아이들이 보여준 장기는 다채로웠다. 팔씨름, 줄넘기, 바이올린 연주, 다리 찢기, 피아노 연주. 떨리고 긴장이 되기도 하지만 나를 보여주고 내가 잘할 수 있는 것을 친구들에게 보여주는 이 순간이 즐겁기만 하다.

이제는 더 잘할 수 있어요

하나둘 아이들이 장기 자랑을 무사히 마치는데 의서의 표정이 시무룩하다. 거의 끝나가는 장기 자랑 시간에 의서가 결심한 듯 손을 들고 무대로 나섰다. 사물함에서 줄넘기를 꺼내는 의서. 용기를 내 줄을 넘어보는데 그만 걸리고 말았다. 하지만 이렇게 포기할 수는 없다. 다시 시도. 앗, 또 걸렸다. '이게 아닌데…' 점점 자신 없어지는 의서에게 친구들이

박수를 쳐주며 잘할 수 있다는 응원의 메시지를 보낸다. 한 걸음 더 용기가 필요한 순간, 의서는 지금 혼자가 아니다.

형보	의서를 향하여 집중!
선생님	의서야, 할 수 있지?

 도약을 준비하는 침묵의 시간. 반 친구들 모두 의서를 바라보며 응원의 마음을 보낸다. 선생님과 친구들의 응원에 힘입어 의서가 힘차게 다시 뛰어본다. 이제는 신발까지 벗고 맨발로 줄넘기를 뛰어보는데 이제는 줄에 걸리지 않는다. 하나, 둘, 셋… 어느덧 일곱 개. 한 발 한 발 정확하게 줄을 넘었다. 장기 자랑을 마친 의서가 웃는 얼굴로 돌아와 앉았다.
 애벌레에서 나비로 성장하는 나비의 날갯짓을 노래한 민범이의 애창

곡 부르기를 끝으로 장기 자랑 시간은 마무리됐다. 하지만 아이들의 들뜬 마음은 장기 자랑 시간이 끝나도 쉽게 가라앉지 않는다. 건하가 의서를 상대로 하는 힘자랑이 계속되고 실뜨기 연습도 한창이다. 교실 앞에서 가뿐하게 다시 턴을 하며 발레 동작을 해보는 소은이. 아이들 앞에서 자신의 장기를 보여주고 나니 '더 잘할 수 있었는데', '이렇게 보여줄 걸 그랬어' 하면서 이후에 더 발전하고 싶은 것이 아이들의 마음이다. 장기 자랑 시간의 즐거움뿐만 아니라 그 시간 뒤로 더 잘해보고 싶다는 마음을 갖게 된 것이 이 시간의 수확일 것이다.

1. 학교 장기 자랑 준비 어떻게 도와주면 좋을까요?

장기 자랑은 새 학기의 시작 또는 끝에 단골로 등장하는 아이템이다. 남다른 특기를 가지고 있는 아이라면 걱정이 없겠지만, 그렇지 못한 대다수의 아이들은 장기 자랑으로 무엇을 하면 좋을지 고민하기 마련이다. 장기 자랑 준비, 어떻게 도와주면 좋을까?

1> 내가 잘할 수 있는 것

장기자랑이 부담스러운 것은 남 앞에서 무엇인가를 보여주어야 한다는 점 때문이다. 남보다 잘하는, 다른 친구들이 따라올 수 없는 장기를 가진 아이들에게는 그래서 은근히 기대되는 무대가 되기도 하지만, 그렇지 못한 대다수의 아이들에게는 여러 가지 마음의 갈등을 일으키는 일이 되기도 한다. 남 앞에서 보여주려고 생각하니 떨리거나 실수가 걱정되는 것이고, 한편으로는 남 앞에서 보여주려고 생각하니 신나서 자꾸만 더 하고 싶은 것이다.

장기 자랑을 준비하는 아이에게는 '남 앞에서 보여주는 것'이라는 생각부터 덜어내주는 것이 중요하다. 이 마음만 덜어내줘도 아이는 훨씬 더 자유롭게 장기 자랑 시간을 즐길 수 있다.

'실뜨기'와 같은, 어른들은 상상도 하지 못했을 장기 자랑 종목들이 등장한 것이 바로 그런 예이다. 조금만 학년이 높아져도 이런 종목들을 가지고 나오는 아이들은 거의 찾아볼 수 없다. 어른들의 시선이 개입되지 않은 아이들의 순수한 마음을 엿볼 수 있는 장기 자랑 현장이었다.

2〉'잘한다' 보다는 '재미있어'

1학년 2반 아이들은 장기 자랑도 그저 재미있는 하나의 놀이로 생각했다. 내가 좋아하고 재미있어 하는 것을 친구들이 있는 교실에서 한다는 것이 다를 뿐이다. '어때? 재미있겠지? 너도 해볼래?'라는 마음으로 함께 즐길 수 있는 것. 그것이 장기 자랑의 진짜 의미이다. 1학년 2반 친구들 대부분 이런 마음이었기 때문에 줄넘기를 잘 못 하는 친구에게도 격려를 보낼 수 있었고, 그 친구가 끝까지 시도하는 것을 기다리며 지켜봐줄 수 있었던 것이다. 또 장기 자랑이 끝난 후에는 서로의 장기 자랑을 따라 해보면서 함께 그 재미와 즐거움을 나누기도 했다.

2. 아이에게 격려의 마음을 전하고 싶을 때, 어떻게 하면 좋을까요?

1〉 최고의 격려는 꾸준한 관심을 갖고 바라봐주는 것

줄넘기를 실패하던 의서. 의서가 줄넘기 줄에 자꾸 걸리자 친구들은 자신의 일처럼 안타까워한다. 그러나 누구 한 사람 "괜찮아, 할 수 있어"라고 소리내어 말하지는 않았다. 대신 모두 의서를 바라보면서 응원의 눈길을 보내주었다. 마음으로 응원하며 꾸준히 관심을 갖고 바라보고 있으니 제대로 도와줄 수 있는 방법도 보이게 된다. 줄이 긴 것이 원인이라고 생각한 윤수는 자신의 줄넘기를 빌려준다. 또 다른 친구는 "의서를 향하여 집중!"을 외치며 응원을 보냈다. 아이들은 진짜 친구를 격려하는 법을 제대로 알고 있었다. 이것은 의서에게 최고의 격려가 되었다. 그리고 그 결과는 의서의 줄넘기 성공으로 확인할 수 있었다.

2
한 뼘 더 자랐어요

 1학년의 학교생활은 하루하루가 도전의 연속이다. 아침에 등교하는 것, 긴 수업 시간 동안 앉아 있는 것, 줄을 서서 이동하는 것, 급식을 하는 것까지, 익숙해진다고 해도 늘 발생하는 예측 불허의 상황들에 대처하는 힘이 1학년에게는 아직 부족하다.

 1학년 2반 수빈이는 다섯 살 때 뇌종양을 앓았다. 평범한 1학년에게도 버거운 학교생활인데 몸이 아픈 수빈이에게는 학교에서 생기는 모든 활동이 모험이 된다. 하지만 수빈이, 작지만 강하다. 엄마 손을 놓고 한 발 한 발 계단을 오르듯, 말없이 제 몫을 하며 날마다 모든 도전을 스스로 해내고 있다.

수빈이의 학교생활이 시작됐어요

수빈 엄마   1학년 2반 박수빈 엄마입니다. 수빈이 낳고 정말 행복했어요. 진짜 하느님이 보물을 주셨다는 생각이 들었죠. 큰 애들이 학교 다닐 무렵에 수빈이를 낳아서 더 예뻤어요. 수빈이가 병원에 살다시피 한 건 1년 6개월 정도고요, 거의 2년은 정상적인 생활이 안 될 정도로 아팠던 기간이었습니다. 수빈이를 초등학교에 보내면서 사실은 하나부터 열까지 다 궁금하고 걱정돼요.

수빈이가 앓았던 소아뇌종양의 일종인 수모세포종은 운동 기능을 조절하는 소뇌에 문제가 생기는 탓에, 걷고 달리는 등 대부분의 신체 활동

에 어려움을 겪는다. 아직 혼자 걷고 움직이고 달리는 것이 불편한 수빈이에게 학교생활은 여느 1학년들보다 더 힘든 도전이다. 엄마 손을 잡고 등교중인 수빈이가 엄마와 인사를 나눈다.

    수빈 엄마   계단 잘 올라가고.
    수빈   응. 안녕.

  신발장 앞에서 엄마와 헤어진 수빈이가 한 발 한 발 느리지만 다부지게 걸음을 옮긴다. 한 걸음씩 계단을 오르는 수빈이를 끝까지 지켜보고 나서야 학교를 나서는 엄마. 발걸음이 쉽게 떨어지지 않지만 엄마는 낙천적이고 밝은 아이인 수빈이가 잘 해낼 것이라고 믿는다.

  교실로 들어선 수빈이는 교실 속 아이들을 둘러본 뒤 엄마가 챙겨준 두건을 벗었다. 두건을 벗은 수빈이는 이제 민머리. 머리에 수술 자국이 남아 있어 신경쓸까봐 엄마가 챙겨준 것인데 수빈이는 굳이 가릴 필요가 없다는 표정이다. 친구들과 다른 모습을 전혀 부끄러워하지 않는 수빈이의 모습이 당당하다.

한 걸음 한 걸음씩! 수빈이의 1학기 모습

  책상을 옮기느라 분주해진 아이들 속에서 수빈이는 가만히 아이들을 바라보고 있다. 책상을 밀려고 하지만 쉽지 않기 때문이다. 수빈이를 지

켜보던 선생님이 책상 밀기를 도와주고 짝꿍 민혁이도 수빈이에게 힘을 보탠다.

　수빈이의 쉬는 시간. 교실 앞으로 나가서 우유를 집어오는데 우유팩을 여는 것도 쉽지 않다. 여러 차례 시도해보던 수빈이가 할 수 없이 선생님에게 도움을 요청한다. 다음날 우유팩 열기는 어떻게 해결할까?

수빈	나 이거 뜯어주라.
민혁	너 뜯을 수 있잖아.
수빈	나 못 뜯어.

　민혁이가 수빈이에게 시범을 보이며 우유팩을 여는 법을 알려주면서 단박에 우유팩을 열어준다. 수빈이에게는 우유팩 열기도 버거웠지만

알림장 쓰기도 난코스다. 알림장을 쓰려면 한글을 완벽히 알아야 되지만 수빈이에게는 버겁기만 하다. 아이들은 이미 알림장 쓰기를 마쳤지만 수빈이는 알림장을 아직 반도 쓰지 못했다. 아이들이 헤어지는 시간, 느린 속도지만 교실에 홀로 앉은 수빈이의 알림장 쓰기는 계속되었다.

수빈이에게는 교내 현관을 들어선 직후, 눈앞에 버티고 있는 계단 오르기부터가 가혹한 관문이다. 모둠 활동을 위해 책상을 옮기는 것, 우유팩을 여는 것과 같은 사소한 활동들도 수빈이에게는 쉽지 않다. 친구들의 도움을 받아가며 학교생활을 해나가는 수빈이. 힘들지만 스스로 해보려는 수빈이의 의지가 엿보인다.

나는 문제 없어! 수빈이의 2학기 모습

수빈이가 씩씩하게 계단을 오르며 엄마와 헤어진다. 2학기가 되어 살펴본 수빈이의 모습이 사뭇 달라져 있다. 스스로 일어나 책상을 옮기는데 이전처럼 선생님의 도움은 필요없다. 혼자서 책상에 이어 의자까지 정리하는 수빈이. 시간이 조금 더 걸릴 뿐이지 얼마든지 스스로 해내고 있다.

쉬는 시간, 활발한 성격의 수빈이는 옆 반 교실을 넘나들며 친구들과 스스럼없이 어울린다. 수빈이는 이제 혼자서 거뜬히 우유팩을 뜯으면서 옆에 있던 봄이의 우유팩까지 친절하게 뜯어준다.

봄　　　　　수빈아, 고마워!

　도움을 받는 수빈이에서 친구를 도와주는 수빈이로의 변화가 눈부시다. 학교생활 반 년이 흐른 지금, 수빈이는 이제 혼자서 식판 배식도 받고 김치도 잘 먹는다. 알림장 쓰는 시간은 어떨까? 한글이 서툰 수빈이를 배려해 연하게 글씨를 써주시는 선생님의 지도를 따라 느리지만 알림장을 쓰는 수빈이. 의지가 강한 수빈이는 남들보다 느려도 조바심 내지 않는다. 모르는 것이 있으면 선생님에게 손을 들고 질문하면서 학교생활의 과제를 끝까지 따라간다. 드디어 알림장 쓰기 성공!
　수빈이 엄마는 한 뼘 더 성장한 수빈이가 너무 대견하고 고맙다.

수빈 엄마　　　학교 계단 올라가는 거 힘들지 않아?

수빈	힘들어.
수빈 엄마	근데 어떻게 올라가?
수빈	이렇게 한 발씩 밟고 올라가면 돼.

수빈이의 학교생활은 모두의 걱정과 예상을 뒤엎고 감동과 놀라움을 자아냈다. 몸은 아직도 조금 약하지만 아팠던 시간을 잘 견뎌냈던 것만큼 누구보다 단단하다. 언제나 최선을 다해 스스로 먼저 시도해보는 노력, 그래도 안 될 때는 주위의 도움을 구하는 용기가 있었다. 수빈이 엄마는 그런 수빈이에게 마음의 편지를 담아보낸다.

수빈 엄마   엄마는 수빈이가 학교생활을 잘할 수 있을지 친구들과 잘
         지낼지 걱정을 많이 했어. 그런데 수빈이가 엄마가 생각

했던 것보다 너무 씩씩하게 잘해줘서 너무 고마워.

오늘도 하루하루 아이들은 스스로 무언가를 해보기 위해 노력하고 도전한다. 조금 느려도 스스로 하나씩 도전하고 성취해가는 아이들에게 오늘보다 더 힘찬 내일을 기대해본다.

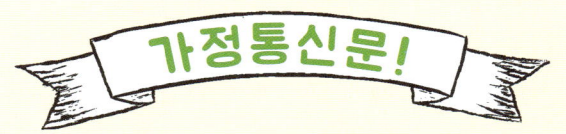

1. 친구들의 놀림을 받을까봐 걱정되는 부모의 마음

투병 생활로 인한 신체적 특징들 때문에 입학 초에는 여러 가지 면에서 어려움을 겪은 수빈이. 그런 수빈이를 학교에 보내는 부모의 마음은 얼마나 걱정으로 가득 찼을까? 키가 작아서, 말이 어눌해서, 한글이 느려서 등 각자 저마다의 사연이 있는 아이의 부모는 걱정이 된다. 그런 부모의 마음과 아이의 마음은 어떻게 다른지 살펴보자.

1〉 남들과 '다른 것'을 '이상한 것'으로 여기기까지

수빈이는 투병 생활의 후유증으로 머리카락이 하나도 없었다. 키가 작거나 한글이 느린 것과는 비교도 안 될 만큼 다른 점이었고, 누구라도 당연히 친구들의 놀림을 받을 수 있지 않을까 우려하던 상황이었다. 그래서 엄마는 수빈이에게 예쁜 두건을 씌워주지만 수빈이는 그게 답답한지 교실에 들어서자마자 두건을 바로 벗어버린다. 하지만 1학년 2반 친구들은 아무도 그 모습에 특별한 시선을 보내지 않는다.

키가 작거나, 말이 어눌한 점 등 남들과 다른 점이 놀림을 받을 수도 있다는 생각은 어른들의 관점에서 비롯된 것이다. 수빈이의 머리 모습에 대해 어른들의 가치관이 개입되지 않으면, 아이들은 그저 조금 '다른 것'으로 생각할 뿐, 그 모습을 이상하다고 느끼지 않는다.

아이가 학교에 입학하기 전, 남들과 다른 어떤 점 때문에 친구의 놀림을 받지 않을까 부모가 먼저 걱정을 하게 되면, 아무 생각 없던 아이의 마음속에도 점점 그 걱정이 전달된다. 그리고 그런 걱정은 아주 사소한 친구들의 표정이나 장난을 통해 점점 현실이 되기도 한다. 하지만 수빈이처럼 그런 걱정이 조금도 없는 아이는 아주 자연스럽고 당당하게 두건을 쓰기도 하고 벗기도 한다. 그리고 그렇게 자연스러운 수빈이의 표정과 행동을 통해, 친구들 역시도 수빈이의 머리를 자연스럽게 수빈이의 특징 중의 하나로 받아들이게 된다.

2〉 도움은 '주고받는 것'이 아니라 '함께하는 것'

처음 입학한 수빈이는 책상을 미는 일도 우유팩을 여는 일도 모두 잘할 수 없었다. 하지만 수빈이는 그런 것을 조금도 부끄러워하지 않고 당당하게 주변 사람들에게 도움을 요청했다. 매번 도움을 받는다고 해서 주눅이 들거나, 매번 받기만 하는 것을 당연한 일로 여기지도 않았다. 수빈이를 도와주는 친구들의 모습 또한 아주 자연스러웠다.

어른들은 도움을 '주거나 받았다'고 말을 한다. 이 말 속에는 나와 상대방에 대한 구분이 확실히 나눠진다. 하지만 1학년 2반 아이들은 도움을 주고받는 것이 아닌 그저 함께하는 일로 생각하고 있다는 것을 알 수 있다. 친구와 함께하는 학교생활의 일부로 여긴 것이다.

2. 혼자 해본 적이 없어서 힘들까봐 걱정되는 부모의 마음

1> '힘들지 않았어?'라고 묻는 질문에 이미 답이 들어 있어요

'힘들지 않았어?'라는 말 속에는 '힘들다'라는 단서가 이미 들어 있다. '힘들기도 했지만, 할 수 있을 것 같았고, 하고 나니 기분이 좋았어'라는 복잡한 아이의 진짜 속마음에서 '힘들다'의 부분만 잘려서 답이 나온 것이다. 그러므로 아무리 걱정이 되어도 아이에게 '힘들지 않았어?'라는 묻는 것은 무의미하다. 오히려 아이에게 힘든 마음만 더 강조하게 될지도 모른다.

한글이 아직 어려워서 알림장을 쓸 때마다 힘들어하는 수빈이. 친구들은 이미 알림장을 다 쓰고 집에 갈 준비까지 마쳤는데 혼자만 뒤처져 있다. 더구나 이런 일은 매일 반복되었을 것이다. 보통의 아이들은 이런 경우 대부분 포기를 한다. 알림장을 다 쓰지 않고 슬쩍 덮어 버리거나, 집에 가고 싶은 마음에 짐을 싸기도 한다. 하지만 수빈이는 기죽지도 않고, 포기하지도 않고, 끝까지 주어진 일을 해냈다. 그뿐만이 아니라 심지어 주변의 상황까지 모두 인지하고 있었다. 한 손으로는 알림장을 쓰면서 다른 한편으로는 선생님의 이야기를 들으면서 손까지 드는 모습을 보여주었다. 아주 어릴 때부터 어른들도 감당하기 힘든 투병 생활을 이겨낸 경험과, 수빈이 엄마의 강하고 지혜로운 마음이 함께 어우러진 결과가 수빈이를 이렇게 단단한 아이로 성장시킨 것이다.

3
난 할 수 있어요

    우왕좌왕 정신없던 첫 등교를 시작으로 매일 아침이 도전의 연속이었던 1학년의 시간들. 지각을 반복하던 명수의 아침은 너무 빨리 지나가고 줄넘기를 잘하고 싶었던 민범이는 쉬지 않고 줄넘기 연습에 매진했다. 신발 끈 묶는 방법을 몰랐던 민혁이는 매번 풀리는 신발 끈 때문에 놀다가도 선생님에게 뛰어가 도움을 청해야 했다. 하지만 시간이 지나면서 문제 상황을 반복해서 경험한 아이들은 모두 자기만의 방식으로 어려움을 극복해나가며 할 수 있는 일이 더 많아졌다.

늘 지각하는 아이

명수의 before

명수의 첫날 등교 시간을 살펴보자. 이미 수업이 시작된 교실에 명수가 두리번두리번거리며 교실로 들어섰다. 어리둥절하며 자리에 앉은 명수는 3월이 지나 4월에도 아이들이 모두 등교한 교실에 느지막하게 들어와 지각을 하곤 했다.

명수의 after

7월의 어느 날 교실이다. 아직 교실에 등교한 학생이 몇 명 없다. 일찍 등교한 아이들은 순서대로 숙제 검사를 받고 있다. 이때 명수의 등장.

선생님　　우와, 신명수 일찍 왔다! 이렇게 일찍 왔어?
명수　　　아침에 일찍 일어나서요.

일찍 학교에 온 친구들은 무얼 하고 있을까? 늘 늦게 등교했기 때문에 알 수 없었던 친구들의 모습이다. 친구들이 무얼 하는지 살펴보고 명수

가 선생님에게로 다가간다.

초등1학년일지라도 일찍 등교하는 아이들은 여러 가지 도움을 받을 수 있다. 여유로운 시간에 선생님이나 친구들과 관계를 맺을 수 있기 때문이다.

줄넘기를 잘하고 싶은 아이

민범이의 before

3월의 체육 시간에 민범이가 줄넘기를 하고 있다. 하지만 쉽게 되지 않는다. 옆의 다른 친구는 쉽게 줄을 넘기는데 민범이는 한 줄 넘기가 너무나 어렵다. 혼자 다시 줄넘기를 시도하지만 이내 주저앉아버리고 만다. 그래도 민범이는 포기하지 않고 '얍' 하고 힘을 내본다.

민범이의 after

7월의 아침 체육 시간이다. 줄넘기를 하는 민범이의 속도가 아주 빨라졌다. 아직 체력이 안 돼 연속으로는 힘들지만 확연히 빨라진 속도를

확인할 수 있다.

　3개월이 더 지난 10월, 민범이의 줄넘기 실력은 어떨까? 운동장 밖으로 줄넘기를 가지고 뛰어나오는 민범이. 아이들이 보는 앞에서 연속해서 26개의 줄넘기를 거뜬히 한다. 줄넘기는 꾸준한 연습을 통해 실력이 향상되는 1학년들의 활동 과제이다. 하루 아침에 잘할 수 있는 것이 아니기 때문에 그동안 민범이가 얼마나 노력했을지 눈에 보이는 듯하다.

신발 끈을 혼자서 못 묶던 아이

민혁이의 before

　학기 초 체육 시간에 아이들이 이어달리기 연습을 앞두고 옹기종기 서 있을 때 민혁이가 무언가를 발견하고 선생님에게 한 발로 껑충 뛰어간다. 운동화 끈이 풀린 것이다. 교실로 올라가다 다시 풀려버린 민혁이의 신발 끈. 난감한 표정으로 선생님에게 SOS를 보내니 선생님이 신발 끈을 묶어주었다.

 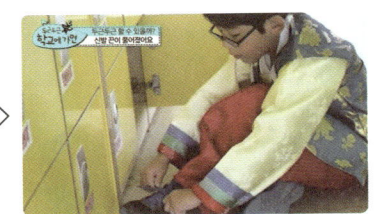

민혁이의 after

운동을 좋아하는 민혁이가 2학기 쉬는 시간 운동장 곳곳을 뛰어다닌다. 그 와중에 신발 끈이 풀려버렸다. 하지만 민혁이가 당황하지 않고 길이도 조절해가면서 혼자서 척척 신발 끈을 묶는다. 신발 끈을 신경쓰지 않고 힘차게 계단을 오르내리는 민혁이다.

1학년 때는 어른들이 당연하게 생각하는 것들도 못하는 게 많다. 하지만 이럴 땐 답답해하기보다는 반복적으로 격려해주고 응원해주면서 지켜봐준다면 아이들은 날로 성장해나간다. 몇 개월 동안 아이들은 부쩍 자랐다. 아이들은 지금 이 순간에도 성장을 거듭하고 있는 중이다.

우리들의 첫무대, 작은 학예회

여러 가지 어려움을 겪었던 1학년 아이들이 부모님을 학교에 초대했다. 부모님께 전하고 싶은 마음을 담아 작은 학예회를 준비한 것이다. 아이들이 초록색 티를 입고 칠판 앞에 옹기종기 모였다. 아이들이 마음을 가다듬으며 준비한 노래를 연습 중이다.

선생님	1학년 2반의 작은 학예회를 시작하겠습니다.
아이들	(박수 치면서) 우와~

교실 앞에 나란히 선 아이들과, 카메라를 들고 아이들의 모습을 찍는 부모님들 모두 긴장된 순간이다. 준비를 마친 아이들의 노래가 시작되었다.

아이들　　　'넌 할 수 있어'라고 말해주세요.
　　　　　　그럼 우리는 무엇이든 할 수 있지요.

오늘 이 자리에 서기까지 아이들이 집에서 수십 번 불렀을 노래이지만 학교에서 아이와 마주하며 듣는 이 노래는 부모에게 진심으로 전하는 아이들의 메시지처럼 다가온다. 반 친구들과 다같이 하나의 목소리로 부르는 아이를 보니 가슴이 뭉클하다. 벌써 이만큼 컸구나.

앞으로 살아갈 세상, 모든 순간이 도전인 아이들. 어렵고 떨리는 순간 속에서도 나를 믿어주는 부모님이 있기에 더 잘하고 싶은 마음이다. 그 마음으로 아이들은 나는 할 수 있다며 세상의 거친 파도를 헤쳐나갈 것이다. 아이에게 넌 할 수 있다는 말을 해준다면 앞으로 신나고 재미있게 자신들만의 꿈을 이루어갈 것이다.

'넌 할 수 있어'라고 말해주세요.
그럼 우리는 무엇이든 할 수 있지요.
짜증나고 힘든 일도 신나게 할 수 있는
꿈이 크고 마음이 자라는 따뜻한 말. 넌 할 수 있어.
큰 꿈이 열리는 나무가 될래요. 더없이 소중한 꿈을 이룰 거예요.
큰 꿈이 열리는 나무가 될래요. 더없이 소중한 꿈을 이룰 거예요.
넌 할 수 있어!

1. 아이들의 성장 이해하기

1> 아이들의 성장은 계단 오르기와 같아요

아이들은 저마다의 성장 속도가 달라서 배움을 받아들이는 순간도 다르다. 아무리 교사가 열심히 설명하고 열정을 갖고 가르친다고 해도 그것이 아이의 성장 속도와 맞아 떨어져야 제대로 효과를 발휘할 수 있다. 아이들의 성장은 조금씩 천천히 진행되기보다는 내면에 차곡차곡 쌓아두다가 어느 순간 한꺼번에 폭발하듯 진행되는 면이 있다. 아이들의 이런 특성을 이해한다면 아이들의 성장을 조금은 느긋한 마음으로 기다려 줄 줄 아는 여유가 생길 것이다.

열심히 가르쳐준 것을 지금 당장 아이가 이해하지 못하더라도 "지금까지 설명했는데 뭘 듣고 있었어? 정신 차리고 들어야지!" 라는 말이 목구멍까지 올라와도 숨 한 번 쉬고 밀어 넣을 수도 있게 되고, '내가 잘못 가르쳤나 보다' 같은 신세 한탄도 조금은 덜할 수 있게 된다.

그러다 어느 순간 성장의 마법이 펼쳐지면 지금까지의 고생을 한 번에 선물 받는 것 같은 기쁨도 누릴 수 있다. 이런 것이 바로 부모나 교사로서 아이를 키우고 가르치는 큰 행복 중의 하나일 것이다.

2〉이 정도는 이제 스스로 할 수 있어요

가르친 효과가 당장 나타나지 않을 수도 있다는 뜻일 뿐, 아이들이 배운 내용은 그들의 내면 어딘가에 차곡차곡 쌓여가는 것은 분명하다. 그렇다고 기다려주기만 하면 모든 아이가 저절로 성장한다는 뜻은 아니다. 아이들을 대하는 부모의 모습은 정말 다양해서 좀처럼 기다려주는 것이 어려운 부모가 있는가 하면, 너무 지나치리만치 아이를 기다려주어서 성장의 시기를 놓치는 부모도 있다. 그렇다면 나는 과연 어떤 부모에 해당할까?

① 이제는 아이의 책가방 싸는 일에 대해서는 거의 관여하지 않는다.

처음엔 서툴러서 도와주었던 일들이 이제는 아이가 스스로 할 수 있는 일이 되어 있어야 '건강하게 성장'한 것으로 볼 수 있다. 아직도 아이의 책가방 싸는 일에 엄마의 손길이 필요하다면, 자신도 모르게 아이의 성장을 방해하고 있는 부모일지도 모른다.

② 이제는 학교 갈 때 아이 스스로 옷을 갈아입는다.

책가방 싸는 일은 공부와 관계된 일이니 스스로 하도록 강하게 훈련하지만, 옷을 갈아입는 일을 아직도 옆에서 도와주어야 할 일로 생각하는 부모가 꽤 있다. 아이의 패션과 청결은 엄마의 몫으로 인식하기 때문이다. 하지만 이제 이 부분도 서서히 아이의 몫으로 넘겨주어야 할 때이다.

③ 이제는 학교 등하교와 학원 다니는 일을 부모가 바래다주지 않아도 혼자서 한다.

학교와 학원이 멀리 있어서 차량을 이용해야 하거나 특별히 우범지역이라서 아이 혼자 다니는 것이 위험한 곳이 아니라면 이제는 혼자 또는 친구와 함께 자연스럽게 학교와 학원을 오가는 생활을 해야 한다. 학원 차를 기다릴 때도 '엄마와 함께'가 아닌 '친구와 함께'가 더 자연스러운 모습인 것이다.

2. 힘든 배움의 과정을 잘 견뎌내게 도와주려면 어떻게 해야 할까요?

아이들의 성장은 긴 시간 동안 아주 조금씩 더디게 일어나기 때문에 매일 곁에서 지켜보는 부모 입장에서는 그 변화가 잘 와닿지 않는다. 아이의 변화가 눈에 띄게 와닿지 않는 까닭은 이런 성장은 부모와 함께일 때보다는 함께하지 않는 공간에서 더 많이 일어나기 때문이기도 하다. 아무래도 집에서는 아이도 긴장이 풀리고 부모에게 의지하고자 하는 마음이 많이 생기기 때문이다.

1〉 감정 일기예보를 활용하세요

아이가 힘들 때마다 격려해주는 것. 말로 표현할 때는 참 쉽지만 이론을 아는 것과 그것을 실천하는 일은 정말 다르다. 실천이 어려운 이유

중에는 감정 조절이 잘 안 되기 때문인 경우가 많다. 아이가 힘들다는 것도 알고, 기다려줘야 한다는 것도 알고 있지만, 아이의 다양한 감정들을 모두 받아주며 시간을 함께하다보면 자신도 모르게 욱하고 감정이 올라올 때가 있다. 그럴 때, 괜히 아이에게 화내고 난 후 돌아서서 자책하기보다는 '감정 일기예보'를 활용해보자.

감정 일기예보란, 말 그대로 부모가 감정을 나타내기 전에 미리 아이에게 예보를 해주는 것이다. 예를 들어 줄넘기가 안 돼서 짜증이 나는 아이와 실랑이하기를 30분째, 받아주는 것도 한계를 느끼게 된다.

"네가 자꾸 이러면 엄마가 화를 내게 될 것 같아. 이제 그만하자. 엄마는 들어갈 테니까, 더 연습하려면 혼자 하고, 아니면 다음에 하자."

이렇게 엄마의 감정을 아이에게 미리 알려주고, 갈등이 발생하기 전에 상황을 정리하는 것이다. 이때 중요한 것은 단호한 어조로 진짜 엄마가 몇 분 후면 화를 낼 것 같다는 느낌이 들게 말하는 것이 중요하다. 웃으면서 화가 날 것 같다고 말하는 것은, 해가 쨍쨍한데 비가 올 것 같다고 말하는 것과 같다. 화가 날 것 같다는 감정 일기예보를 내렸다면 적당히 먹구름이 낀 정도의 감정을 어조에 싣는 것이 중요하다.

아이들은 학교에서 많은 성장을 한다. 비록 그 성장이 눈에 잘 띄지 않고 매우 느리긴 하지만 몇 개월의 시간을 두고 보면 확연히 달라진 모습을 확인할 수 있다. 아이가 가진 재능을 믿어주고 기다려주는 것, 우리가 여덟 살 아이들에게 주어야 할 성장의 기회일 것이다.

서천석 박사의
토닥토닥 공감 한마디

*

아이들에겐 평가보다는 격려가 우선입니다.
아이들은 평가받기 위해 배우는 것이 아니에요.
평가는 오직 연습이고 배움의 수단일 때만 의미가 있습니다.
아이들은 누구나 발전하고, 더 나아지고 싶어 합니다.
아이가 공부를 싫어하는 것은 공부가 자신을 평가하기 때문이에요.
우리 모두가 그렇습니다. 평가받고 시험의 대상이 되는 것을 즐길 수는 없
죠. 아이가 지금 어려워한다면 더 많이 아이를 믿어주세요.
부모 말고는 아이를 믿어줄 사람, 아이를 격려할 사람이 없습니다.
눈에 보이는 것은 누구나 믿을 수 있겠지만 눈에 보이지 않더라도
넌 할 수 있다고 아이를 지지하는 믿음은 부모만이 줄 수 있는 믿음입니다.

*

저 역시 아이를 키우는 부모로서 아이가 크는 모습을 보면 가슴 한쪽이 아려
옵니다. 지금의 이 모습이 조금 지나면 볼 수 없을 것이란 사실에요.

아이가 성장하는 하루하루가 지나고 보면 참 소중한 순간들입니다.

아직 작지만 아이들은 스스로 뭔가 해보려고 애쓰며 오늘 하루를 살아갑니다.

분명 그 시간 속에서 아이들은 도전하면서 발전하고 있습니다.

그런데 부모의 욕심과 불안 때문에 우리는 아이의 노력을 보지 못합니다.

잘하는지, 못 하는지만 평가하며 심판관이 된 듯 행동하죠.

조금 뒤로 물러나기. 응원하며 이 순간을 즐기기.

아이의 발전을 위해 꼭 필요한 부모의 모습입니다.

*

어떻게 하면 자존감 강한 아이가 될까요?

무엇보다 아이의 성취 경험이 중요합니다.

작은 일이라도 제대로 해냈을 때 아이의 자존감은 올라갑니다.

아이가 잘하는 것을 발견하면 꼭 관심을 표현해주세요. 그때 아이의 자존감이 올라갑니다.

대단한 것은 아닙니다. 잘하는 것을 발견했을 때 놓치지 말고 얘기해주세요.

"오! 엄마한테도 가르쳐줄래?" 그러면 아이는 뽐내면서 가르쳐줄 거예요.

즐겁게 배우세요. 그런 경험이 아이의 자존감을 쑥쑥 올려줍니다.

*

성경에 일곱 번씩 일흔 번을 용서하라는 구절이 있습니다.
제가 큰아이에게 자전거를 처음 가르쳐줄 때 참 힘들더군요.
아이가 중심을 잃고 계속 넘어지는 거예요.
처음에는 좋은 마음으로 지켜보다 나중에는 좀 짜증이 났어요.
그 마음을 고스란히 표현했더니
아이가 그 후로 자전거를 한참 타지 않았습니다.
내가 큰 잘못을 했구나, 싶었습니다.

한참을 시간이 흐른 후 자꾸 하다보면 될 때가 있다고 살살 아이를 격려했어요.
어느 순간 아이가 흥미를 다시 가지더군요.
이번엔 실패를 웃으면서 넘기며 기다렸어요.
아이는 오래지 않아 자전거를 탈 수 있게 되었습니다. 그러면서 아이가 말하더군요.
"이렇게 재밌는데 그동안 내가 왜 안 탔지?"

저 또한 안다고 해서 다 실천하는 것은 아닙니다. 못할 때도 많죠.
아이를 키우면서 저 역시 배우는 경우가 많습니다.
그러면 어떻습니까? 배우고 또 성장하면 되죠.

나도, 아이도 부족할 수 있고 나도 아이도 성장하면 됩니다.
지금 당장은 안 되더라도 꾸준히 격려할 때 아이는 더 빨리 배웁니다.
실패는 중요하지 않습니다. 중요한 것은 성장이고,
성장을 위해 필요한 것은 부모의 짜증이 아니라 격려입니다.

*

아이가 뛰어나거나 잘나야 존중하는 것은 아닙니다.
그런 것이 없어도 네 존재만으로도 충분히 존중받을 만하다는 것을
부모는 아이에게 꼭 전달해야 합니다.
그래야 스스로를 존중하는 아이로 성장합니다.
또 모든 아이들은 저마다의 장점이 있습니다.
좋은 점이 있으면 또 부족한 점도 있지요.
부모는 되도록이면 아이의 빛나는 면을 보아주세요.

아이와 나 자신을 믿어야 합니다.
이 세상에 완벽한 부모, 완벽한 아이는 없습니다.
시행착오를 거치면서 성장하려고 노력한다면
그것만으로도 우리는 충분히 좋은 부모, 좋은 아이입니다.

EBS 〈두근두근 학교에 가면〉 제작팀 지음

채라다 PD
EBS에서 〈하나뿐인 지구〉, 〈교육대기획 왜 우리는 대학에 가는가〉, 〈리얼체험 땀〉, 〈두근두근 학교에 가면〉을 연출하면서 사람에 대한 깊고 따뜻한 시선을 갖게 되었다.

정동현 PD
2013년 가을, EBS에 입사하여 〈두근두근 학교에 가면〉이 생애 첫 연출작이다. 1년의 제작 기간 동안 아이들의 성장을 지켜보면서 소중한 경험을 쌓았다.

허찬석 PD
EBS에서 〈동물 일기〉, 〈길 위의 인문학〉, 〈리얼체험 땀〉, 〈두근두근 학교에 가면〉을 연출했다.

윤혜정 방송작가
EBS에서 영유아 · 어린이 · 가족을 테마로 한 프로그램의 작가로 일하고 있다. 아이를 바라보는 따뜻한 시선, 차곡차곡 쌓이는 감동을 담은 '교육 문화 콘텐츠'의 기획 작가로 방송, 공연, 출판에서 활동 중이다.

EBS 두근두근 학교에 가면 – 초등1학년 학교생활 완벽 스타트
ⓒ EBS 2016

1판 1쇄 2016년 2월 10일
1판 2쇄 2016년 2월 15일

기획 EBS 미디어
지은이 EBS 〈두근두근 학교에 가면〉 제작팀
책임감수 서천석
도움말 김지나

펴낸이 김정순
책임편집 배경란
디자인 김진영
마케팅 김보미 임정진 전선경

펴낸곳 (주)북하우스 퍼블리셔스
출판등록 1997년 9월 23일 제406-2003-055호
주소 04043 서울시 마포구 양화로 12길 16-9 (서교동 북앤드빌딩)
전자우편 editor@bookhouse.co.kr 홈페이지 www.bookhouse.co.kr
전화번호 02-3144-3123 팩스 02-3144-3121

ISBN 978-89-5605-624-1 13590

이 도서의 국립중앙도서관 출판시도서목록(CIP)은 서지정보유통지원시스템 홈페이지(http://seoji.nl.go.kr)와 국가자료공동목록시스템(http://www.nl.go.kr/kolisnet)에서 이용하실 수 있습니다.
(CIP제어번호: CIP2016002189)